Como Eu Ensino

Ortografia

Como Eu Ensino

Ortografia

Maria José Nóbrega

≡ Editora **Melhoramentos**

Editora Melhoramentos

Nóbrega, Maria José
    Ortografia / Maria José Nóbrega. São Paulo: Editora Melhoramentos, 2013.
(Como eu ensino)

    ISBN 978-85-06-07156-4

    1. Educação e ensino. 2. Técnicas de ensino – Formação de professores.
    3. Ortografia – Técnicas de ensino. I. Título. II. Série.

13/058   CDD 370

Índices para catálogo sistemático:
1. Educação e ensino 370
2. Formação de professores – Ensino da Educação 370.7
3. Psicologia da educação – Processos de aprendizagem - Professores 370.15
4. Ortografia – Técnicas de ensino 371.33
5. Gramática – Português 469.5

Obra conforme o Acordo Ortográfico da Língua Portuguesa

Organizadores Maria José Nóbrega e Ricardo Prado

Coordenação editorial ESTÚDIO SABIÁ
Edição de texto Valéria Braga Sanalios
Revisão Ceci Meira e Nina Rizzo
Pesquisa iconográfica Monica de Souza
Ilustrações Paulo Cesar Pereira
Capa, projeto gráfico e diagramação Nobreart Comunicação

© 2013 Maria José Nóbrega
Direitos de publicação
© 2013 Editora Melhoramentos Ltda.

1ª edição, 2ª impressão, setembro de 2015
ISBN: 978-85-06-07156-4

Atendimento ao consumidor:
Editora Melhoramentos
Caixa Postal: 11541 – CEP: 05049-970
São Paulo – SP – Brasil
Tel.: (11) 3874-0880
www.editoramelhoramentos.com.br
sac@melhoramentos.com.br

Impresso no Brasil

Apresentação

De que maneira uma pessoa configura sua identidade profissional? Que caminhos singulares e diferenciados, no enfrentamento das tarefas cotidianas, compõem os contornos que caracterizam o professor que cada um é?

Em sua performance solitária em sala de aula, cada educador pode reconhecer em sua voz e gestos ecos das condutas de tantos outros mestres cujo comportamento desejou imitar; ou silêncios de tantos outros cuja atuação procurou recalcar.

A identidade profissional resulta de um feixe de memórias de sentidos diversos, de encontros e de oportunidades ao longo da jornada. A identidade profissional resulta, portanto, do diálogo com o outro que nos constitui. É coletiva, não solitária.

A coleção Como Eu Ensino quer aproximar educadores que têm interesse por uma área de conhecimento e exercem um trabalho comum. Os autores são professores que compartilham suas reflexões e suas experiências com o ensino de um determinado tópico. Sabemos que acolher a experiência do outro é constituir um espelho para refletir sobre a nossa própria e ressignificar o vivido. Esperamos que esses encontros promovidos pela coleção renovem o delicado prazer de aprender junto, permitam romper o isolamento que nos fragiliza como profissionais, principalmente no mundo contemporâneo, em que a educação experimenta um tempo de aceleração em compasso com a sociedade tecnológica na busca desenfreada por produtividade.

A proposta desta série de livros especialmente escritos *por professores para professores* (embora sua leitura, estamos certos, interessará a outros aprendizes, bem como aos que são movidos incessantemente pela busca do conhecimento) é sintetizar o conhecimento mais avançado existente sobre determinado tema, oferecendo ao leitor-docente algumas ferramentas didáticas com as quais o tema abordado possa ser aprendido pelos alunos da maneira mais envolvente possível.

A ortografia na coleção Como Eu Ensino

Assim como pouca gente conseguiria se lembrar do inimaginável esforço físico e mental despendido quando aprendemos a andar, ou quando pedalamos uma bicicleta autonomamente pela primeira vez, o esforço para aprender a escrever também se perdeu em nosso passado escolar.

Sem dúvida, não foi nada fácil nosso período de alfabetização, por mais preparados que pudéssemos estar, conforme estivemos cercados ou não de um ambiente de livros e leitores. Assim, o primeiro mérito deste livro de Maria José Nóbrega é relocar o devido peso a essa formidável aventura intelectual de transformar sons em sinais gráficos e, com eles, nos entendermos com quem domina o mesmo sistema de escrita, mesmo sem emitir uma só palavra.

Acabamos por aprender a escrever, uns mais corretamente, outros menos. Provavelmente, como supõe a autora, "memorizando palavras". É por isso que este livro começa mostrando a lógica por trás das regras, ou seja, as regularidades do sistema ortográfico – cujas raízes de sua boa implementação foram tema de outro volume desta coleção Como Eu Ensino: *Sistema de escrita alfabética*, de Artur Gomes de Morais, destacado educador da Universidade Federal de Pernambuco. Esta obra situa-se como uma continuidade daquela, já que aqui encara-se o passo seguinte: dominadas as regras gerais de um sistema de escrita, como ensinar os aprendizes a escrever corretamente?

Como a maioria dos nossos estudantes, especialmente os de escola pública, apresentam níveis de proficiência em língua portuguesa muito abaixo do desejável, torna-se necessário conhecer as regularidades do sistema ortográfico, para que se possa promover um ensino reflexivo, fazendo o aluno sair da situação incapacitante de "decorador de regras e exceções".

Seguindo adiante em suas reflexões, a autora estimula o docente a descobrir "o pensamento por trás do erro do aluno, isto é, quais são as hipóteses que a criança tem a respeito de como se grafam as palavras". Para isso, se detém em exemplos reais de dúvidas, dilemas e hipóteses de crianças nessa custosa fase de negociar um "J" no lugar de um "G", de decidir se tal palavra é com "X" ou "CH" etc. Buscando facilitar o trabalho docente, este livro traz ainda alguns quadros com os desvios ortográficos mais recorrentes; aplicando-os à sua turma, o docente terá uma avaliação individualizada das dificuldades de cada aluno. Também são propostas diversas atividades para consolidar as questões suscitadas ao longo desta aprendizagem vital aos alunos. Afinal, para qualquer tipo de trabalho, saber escrever de maneira clara e correta pode ser a distância entre o emprego e o desemprego, ou entre uma boa colocação e uma função medíocre.

Por fim, este volume da coleção Como Eu Ensino, *Ortografia,* se encerra com uma provocação: não estaria na hora de romper com a tradição escolar de assinalar todos os erros que uma criança comete ao produzir seus primeiros textos? Quem não se lembra daquela página de redação apresentada à professora, que ao ser devolvida cravejada de marcas de caneta vermelha mostrava o quanto ainda estávamos longe de saber escrever direito? Ao propor uma avaliação mais seletiva dos erros, Maria José Nóbrega quer que a escrita entre no mundo das crianças mais ou menos como aconteceu quando elas aprenderam a falar: errando e corrigindo, tentando novamente, errando de novo e, por fim, acertando. Mais adiante, entram as regras. Mas só depois da compreensão.

Ricardo Prado

Sumário

Introdução 11

1. Como a norma ortográfica está organizada: o sistema grafo-fonêmico 15
2. O que as crianças não sabem quando erram? 38
3. Parâmetros para o ensino da ortografia 86
4. Progressão dos conteúdos de ortografia ao longo dos anos iniciais do Ensino Fundamental 196
5. Ortografia e avaliação 203

Palavras finais 213

Bibliografia 214

A autora 224

Introdução

A ortografia não é apenas um conjunto de normas cujo domínio permite a quem escreve não violar nenhum dos artigos que compõem o Decreto nº 6.583, de 29 de setembro de 2008, que promulga o Acordo Ortográfico da Língua Portuguesa[1]. Trata-se de um complexo sistema que estabelece os valores que os grafemas podem assumir em função de sua posição na palavra; inclui a uniformização gráfica de prefixos, sufixos, desinências que indicam flexões nominais ou verbais; também a uniformização gráfica de radicais, além de recursos para distinguir palavras que soam semelhantes mas são escritas com grafias diferentes, as chamadas homófonas-heterográficas. Um sistema que traz ainda vestígios da história das palavras, já que apenas funcionalmente não é possível explicar a ocorrência de todos os grafemas: só a etimologia esclarece alguns usos.

Considerar a ortografia como um sistema tem implicações para seu ensino. Permite criar uma tipologia de erros, uma tipologia de atividades, indicadores de avaliação mais específicos, além de princípios orientadores para a formulação de expectativas de aprendizagem para cada ano do Ensino Fundamental.

Mas, por que destinar tempo didático a esse assunto?

Aprender as regularidades do sistema ortográfico alivia a sobrecarga de decidir como cada palavra deve ser escrita. Livre desse peso, o estudante poderá dedicar-se a ampliar seu domínio da linguagem escrita. Porém, não se pode ignorar que escrever sem problemas ortográficos é apenas *escrever corretamente; escrever bem* é outra coisa. Há muito que aprender – além da ortografia – para produzir textos de qualidade. Mas, como o ensino de ortografia que se defende privilegia o desenvolvimento de uma consciência

---

[1] O texto completo do decreto está disponível em: www.planalto.gov.br/ccivil_03/_Ato2007-2010/2008/Decreto/D6583.htm. Acesso em: 2 jan. 2013.

metacognitiva, ao estimular o pensamento investigativo para descobrir as regularidades ortográficas, as crianças aprendem muito mais do que qual letra empregar para grafar uma palavra. Aprendem a observar a linguagem, a entreter-se com ela.

O alimento para a produção deste volume decorre de longos anos de estudo a respeito do assunto e, principalmente, da convivência com educadores e crianças que me convidaram a percorrer, com renovado deslumbramento, suas mal traçadas linhas, plenas de inventividade e possibilidades. Como recomenda Carlos Drummond de Andrade em seu poema "A procura da poesia", há que se penetrar *surdamente no reino das palavras*. Nos textos das crianças, há *calma e frescura na superfície intata* de quem se inaugura no mundo da escrita. *Chega mais perto e contempla as palavras*. Ler esses primeiros textos requer *paciência se obscuros* e *calma, se te provocam*, mas sempre há tempo para *que cada um se realize*.

Divisão dos capítulos

No capítulo 1, descreve-se brevemente como o sistema ortográfico está organizado, principalmente as relações entre grafemas e fonemas. Como provavelmente muitos de nós aprendemos ortografia memorizando palavras, torna-se necessário conhecer as regularidades do sistema para que se possa promover um ensino reflexivo.

No capítulo 2, o foco desloca-se para o aprendiz, com o propósito de saber como ele aprende esse assunto. Isso só é possível se conseguirmos não apenas identificar os erros, coisa que qualquer usuário competente da língua pode fazer, mas se formos capazes de reconhecer o pensamento por trás do erro, isto é, quais são as hipóteses que a criança tem a respeito de como se grafam as palavras. Com essa finalidade, formula-se uma tipologia dos desvios ortográficos mais recorrentes.

No capítulo 3, o olhar dirige-se aos processos de mediação que aproximam o objeto de conhecimento do aprendiz. Após apresentar orientações para a elaboração de um diagnóstico ortográfico, sugerem-se alguns princípios para nortear a progressão dos conteúdos ortográficos ao longo dos anos e descreve-se o ciclo de ações que compõem o módulo de atividades para o ensino desses conteúdos (atividades de descoberta, de sistematização e de aplicação em operações de produção de textos). Há, por fim, uma série de exemplos de atividades de diferentes tipos para promover a aprendizagem das regularidades ortográficas.

No capítulo 4, submete-se à apreciação dos educadores uma proposta que indica o que os estudantes precisam aprender de ortografia ao longo dos anos iniciais do Ensino Fundamental. O propósito dessa iniciativa é abrir o debate para que a escola elabore um documento orientador que atenda às necessidades de aprendizagem de seus alunos.

E, por fim, no capítulo 5 há algumas palavras a respeito da avaliação, principalmente quando a tradição de se assinalar todos os erros que a criança comete ao produzir textos ainda é muito recorrente. Vale a pena perpetuar esse tipo de conduta?

Concluo esta introdução agradecendo particularmente a meus companheiros de jornada Alfredina Nery, Claudio Bazzoni, Márcia Fortunato e toda a equipe da Diretoria de Orientação Técnica da Secretaria Municipal de Educação de São Paulo, com quem pude aprender muito ao compartilharmos a elaboração do material *Aprender os padrões da linguagem escrita de modo reflexivo*.[2]

---

[2] Secretaria Municipal de Educação de São Paulo, 2011.

Capítulo 1

Como a norma ortográfica está organizada: o sistema grafo-fonêmico

Basta abrir a opção "fontes" na barra de ferramentas do seu computador para constatar a enorme quantidade de tipos de que dispomos: LETRA (Times New Roman), **LETRA** (Eurostile), LETRA (Batang), **LETRA** (Bauhaus 93), LETRA (Gill Sans)... Apenas um site oferece download gratuito de 25 mil tipos!

Como conseguimos decifrar textos escritos com caracteres tão diferentes? Porque, orientados pelo sentido do que lemos, abstraímos as características formais das diferentes famílias de fontes. A essa abstração damos o nome de grafema. Os grafemas, portanto, só são perceptíveis pela decifração das letras concretas.

Experimente ler o poema de Arnaldo Antunes[3] na página ao lado.

Grafado com uma fonte que sugere uma caligrafia irregular de fio contínuo, alongando-se à esquerda e à direita, o poema remete de maneira bastante evidente à estrutura da dialética clássica: a dinâmica entre tese, antítese e síntese.

O pensamento dialético, em oposição ao afirmativo dogmático, aposta na negação como algo passível de trazer dinâmica ao pensamento – assim, *discordo* contrapõe-se à inclinação excessiva de *concordo*, tensionando-a como na brincadeira infantil do cabo de guerra. Dessa tensão, nasce a síntese – o *acordo* –, que é menos a harmonia entre as partes do que o movimento dinâmico que inaugura uma nova perspectiva: como a

---

[3] ANTUNES, 1993, p. 15.

do momento em que a corda escapa das mãos de um dos jogadores do cabo de guerra e os dois corpos são impulsionados ao mesmo tempo.

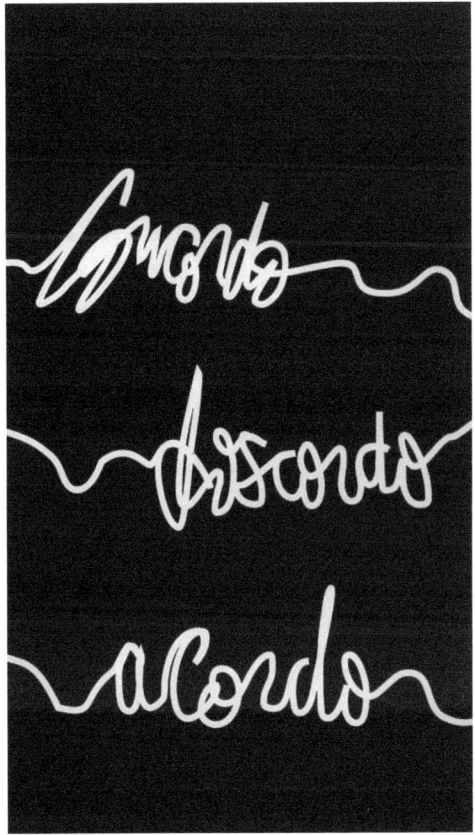

Figura 1. "Acordo", poema de Arnaldo Antunes.

Nesse sentido, é possível ler *acordo* não como substantivo, mas também como a forma da 1ª pessoa do singular de verbo *acordar*. Enquanto no pensamento lógico tradicional a conclusão de duas proposições resulta em uma certeza, no pensamento dialético a síntese é apenas o início de uma nova cadeia dialética – o pensamento jamais se imobiliza. Assim, o estado de *acordar*, muito em breve, se estabelecerá como sono – e será preciso *discordar* uma vez mais para que seja possível despertar novamente.

Como afirma Cagliari:

As letras podem ter muitas formas gráficas, gerando diferentes alfabetos, como podemos ver na história dos sistemas de escrita. Apesar da diferença gráfica entre essas formas, uma mesma letra permanece a mesma porque exerce uma mesma função no sistema de escrita, ou seja, é usada exatamente da maneira exigida pela ortografia das palavras.
As letras são categorias abstratas que desempenham uma determinada função no sistema, que é preencher um determinado lugar na escrita das palavras.[4]

É essa funcionalidade que permite ao leitor, a despeito da caligrafia sinuosa, decifrar as palavras do poema de Antunes: *concordo*, *discordo* e *acordo*.

Grafemas da ortografia da língua portuguesa

No alfabeto latino (ou romano), que usamos em português e em boa parte das línguas do mundo, o grafema representa o fonema, isto é, a unidade mínima do sistema fonológico.[5] Há sistemas de escrita como os silabários do japonês *hiragana* e *katakana*, em que o grafema representa sílabas. Utilizados no japonês e no chinês, os grafemas do *kanji* são ideogrâmicos, isto é, portadores de significado, tais como morfemas, palavras e locuções.

Além dos grafemas que representam vogais e consoantes, há também os diacríticos, que são sinais complementares inseridos na parte superior ou inferior da letra: a cedilha, o acento agudo, o circunflexo,

---

[4] CAGLIARI, 1998, p. 120-121.
[5] A substituição de um som por outro capaz de estabelecer contraste de significado entre palavras de contexto idêntico é o teste usado pelos linguistas para identificar os fonemas de uma língua. Por exemplo, o /m/ de "**m**ata" e o /d/ de "**d**ata" são fonemas em português; assim como /g/, /p/ e /t/: "**g**rata", "**p**rata", "**t**rata".

o grave, o til e o trema. Em português, apenas a cedilha é encaixada na parte inferior da letra C. Os demais diacríticos – o acento agudo, o circunflexo, o grave, o til – são colocados na parte superior das vogais. O trema, que foi abolido das palavras em língua portuguesa pelo novo acordo ortográfico aprovado em 1º de janeiro de 2009, deve ainda ser usado na parte superior do U em nomes próprios de origem estrangeira e seus derivados.

Grafemas base para diacríticos em português

Grafemas	Grafemas base para diacríticos em português
A	á, â, à, ã
B	
C	ç
D	
E	é, ê
F	
G	
H	
I	í
J	
K	
L	
M	
N	
O	ó, ô, õ
P	
Q	
R	
S	
T	
U	ú, ü
V	

Grafemas	Grafemas base para diacríticos em português
W	
X	
Y	
Z	

Quadro 1. Grafemas e diacríticos da ortografia da língua portuguesa.

Relações entre grafemas e fonemas

Embora na língua portuguesa os grafemas representem os fonemas, nem sempre há uma relação biunívoca entre eles, isto é, nem sempre um grafema representa só um fonema e esse fonema só é representado por esse grafema e nenhum outro. Na verdade, são bem poucos os casos em que isso acontece. O mais comum é que mais de um grafema concorra para representar um fonema (como o fonema /ž/, que pode ser representado por G em *relógio* ou por J em *canjica*) ou que um único grafema, dependendo do contexto, possa representar diferentes fonemas (como o R, que pode representar /r/ em *carinho* e /R/ em *enrolar*).

Vamos conhecer mais de perto as relações entre fonemas e grafemas que uma criança recém-alfabetizada precisa aprender.

Regularidades biunívocas

Mantêm regularidades biunívocas apenas os grafemas que estabelecem com os fonemas que representam uma correspondência termo a termo: o grafema só representa aquele fonema e vice-versa. Em português, isso ocorre apenas com: B, D, F, P, T e V. Nos demais casos, um mesmo grafema pode representar mais de um fonema, que, por sua vez, pode ser representado por diferentes grafemas.

Regularidades biunívocas da língua portuguesa		
Grafema	Fonema	Exemplo
B	/b/	**b**iblioteca
D	/d/	**d**ança
F	/f/	**f**loresta
P	/p/	**p**ássaro
T	/t/	**t**erreno
V	/v/	**v**ulcão

Quadro 2. Grafemas e fonemas do sistema ortográfico da língua portuguesa que apresentam regularidades biunívocas.

Em geral, tão logo compreendam o que as letras representam, as crianças dominam essas relações que não precisam ser objeto de ensino. O desafio é aprender os valores que podem assumir considerando as restrições impostas pelo lugar que ocupam na palavra.

Valores de base

Embora as letras tenham um nome (á, bê, cê, dê etc.) orientado pelo princípio acrofônico, isto é, o nome da letra indica um dos sons que ela representa, não é em todos os casos que o nome revela o valor de base[6] que o grafema representa. Cê é o nome da letra C, mas o valor de base do grafema C é /k/, porque, embora ao pronunciarmos o nome da letra – cê –, possamos escutar /s/, é bem maior o número de ocorrências em que o grafema ocorre representando /k/: antes das vogais A, O e U e das consoantes R e L na formação de encontros consonantais. O grafema

---

[6] O conceito de valor de base dos grafemas está sendo empregado na perspectiva de BLANCHE-BENVENISTE e CHERVEL, 1969, p. 135-136.

C só representa /s/ em contextos bem mais restritos: seguido das vogais E ou I; ou /š/, seguido de H, compondo o dígrafo CH.

O valor de base corresponde, portanto, ao fonema que o grafema representa com maior frequência.

São poucos os grafemas usados apenas com o seu valor de base: além dos que mantêm correspondência biunívoca com os fonemas que representam (B, D, F, P, T e V), o J e o Q. O J representa somente o /ž/, embora esse fonema possa também ser representado por G, quando seguido de E ou I. O grafema Q, mesmo quando compõe o dígrafo QU, sempre representa /k/, embora esse fonema possa também ser representado por C, seguido de A, O ou U.

Os demais grafemas, vogais e consoantes podem assumir outros valores dependendo da posição que ocuparem na palavra. Isso quer dizer que o valor desses grafemas varia de acordo com o lugar que ocupam: se aparece no começo, no interior da palavra ou no fim; ou ainda do grafema que vier antes ou depois dele. Veja o quadro 3:

Valores de base dos grafemas no português do Brasil		
Letra	**Exemplo**	**Valor de base**
A	p**á**ssaro	/a/
B	**b**arco	/b/
C	**c**asa	/k/
D	**d**ormir	/d/
E	s**e**co (adjetivo)	/e/
F	**f**esta	/f/
G	**g**ostar	/g/
H		∅
I	men**i**no	/i/
J	**j**anela	/ž/
L	**l**ata	/l/

Valores de base dos grafemas no português do Brasil		
M	**m**ata	/m/
N	**n**adar	/n/
O	c**o**rpo	/o/
P	**p**lanta	/p/
Q	**q**uadro	/k/
R	ca**r**inho	/r/
S	**s**alada	/s/
T	a**t**or	/t/
U	l**u**va	/u/
V	**v**erde	/v/
X	**x**ícara	/š/
Z	a**z**edo	/z/

Quadro 3. Valores de base dos grafemas no português do Brasil. [7]

Uma observação atenta de escritas produzidas por crianças que ainda não dominam o sistema alfabético, mas que já empregam algumas letras com valores sonoros convencionais, permitirá observar que elas operam essencialmente com o valor de base dos grafemas. Isso sugere que em sua exposição aos materiais impressos encontram mais ocorrências do grafema empregado com o seu valor de base.

Regularidades contextuais

Quando não há correspondência biunívoca, os valores que os grafemas podem assumir derivam de sua posição na palavra. Por exemplo, jamais encontraremos grafemas reduplicados (AA, EE, OO, RR, SS) em posição inicial. Da mesma maneira, em português,

---

[7] Este quadro, com algumas adaptações, foi publicado anteriormente como anexo 2 do artigo "Mora na filosofia" (SECRETARIA MUNICIPAL DE EDUCAÇÃO DE SÃO PAULO, 2011, Unidade II: Palavra cantada [professor], p. 69-70.)

nunca encontraremos Q seguido de outra vogal que não U. Afora as vogais, apenas sete consoantes – L, M, N, R, S, X e Z – podem ocorrer em final de palavra.

Além disso, a presença de um grafema em uma palavra pode ser condicionada pelos grafemas do entorno: antes de B ou P apenas M pode nasalizar a vogal da sílaba anterior. Veja o quadro 4:

Valores contextuais dos grafemas da língua portuguesa			
Grafema	Fonema	Exemplo	Descrição do contexto
A	/a/	ato	
	/ã/	rã	com a sobreposição do til, normalmente em final de palavra
		campo, canto	A + M, N em final de sílaba, seguidos de consoante
		cama, cana, ganha	A [núcleo de uma sílaba tônica] + sílaba iniciada por consoante nasal
		coração	em final de palavras, compõe o ditongo nasal /ãw/, que no interior de palavras ocorre apenas em diminutivos: *coraçãozinho*
		cãibra	compõe o ditongo nasal /ãy/ – apenas em sílaba inicial
		mãe, pães	compõe o ditongo nasal /ãy/
		andam	em final de verbos, compõe o ditongo /ãw/, exceto em formas do futuro do presente do indicativo ou em formas irregulares da 3ª do plural do presente do indicativo como *estão, são, dão, vão*
C	/k/	cara	C + A, O, U
	/s/	cera	C + E, I
		foice	C após ditongo + E, I
		louça	Ç após ditongo + A, O, U
		paçoca	Ç + A, O, U – nunca em posição inicial
		descer, exceto	dígrafos SC, XC + E, I – nunca em posição inicial
		desça	dígrafo SÇ + A, O – nunca em posição inicial

Valores contextuais dos grafemas da língua portuguesa			
Grafema	Fonema	Exemplo	Descrição do contexto
C	/š/	chama	compõe o dígrafo CH
E	/ɛ/	fera	
	/e/	cera	
	/i/	pente	em sílaba átona
	/ĩ/	enfeite	em sílaba nasal átona
	/ẽ/	lembrar, lento	E + M, N em final de sílaba, seguida de consoante
		tema, pena, lenha	E [núcleo de uma sílaba tônica] + sílaba começada por consoante nasal
	/y/	escrevem	em final de verbos, compõe o ditongo /ẽy/
		área, espiões	em ditongos e tritongos
G	/g/	gosto	G + A, O, U
		guerra	GU + E, I: compõe o dígrafo GU
	/ž/	gesto	G + E, I
H		chama, malha, manhã	modifica o valor básico do grafema anterior, compondo os dígrafos CH, LH, NH
	∅	harpa, hélice, hino, honra, humor	em início de palavra (H + vogal), não representa fonema algum, nem modifica o valor básico dos grafemas seguintes, mantém-se em função da origem etimológica da palavra
		ah! oh!	em interjeições (vogal + H)
I	/i/	irmão	
	/ĩ/	ímpar, lindo	I + M, N em final de sílaba, seguida de consoante
		lima, hino, linha	I [núcleo de uma sílaba tônica] + sílaba começada por consoante nasal
	/y/	pai, quais	em ditongos e tritongos
J	/ž/	jeito, jato	
L	/l/	lata, palácio	em início de palavra ou de sílaba
		planta	segunda consoante em encontros consonantais

Valores contextuais dos grafemas da língua portuguesa			
Grafema	Fonema	Exemplo	Descrição do contexto
L	/ĺ/	ma**lh**a	compõe o dígrafo LH (raro em início de palavra)
	/w/	altar, pape**l**	em final de sílaba ou de palavra
M	/m/	**m**ata	
		o**m**bro	vogal + M: modifica o valor básico do grafema anterior, indicando nasalidade (em posição interna, no final da sílaba, seguido das consoantes P ou B)
	/w/	compra**m**	em final de verbos, compõe o ditongo /ãw/
	/y/	vende**m**	em final de verbos, compõe o ditongo /ẽy/
N	/n/	**n**ada	
	/ñ/	ma**nh**ã	compõe o dígrafo NH (raro em início de palavra)
		a**n**tes	vogal + N: modifica o valor básico do grafema anterior, indicando nasalidade (em posição interna, seguida de qualquer consoante diferente de P ou B)
	/w/	nêutro**n**	em final de palavra, compõe o ditongo /õw/ – raro
		bo**n**s	em plurais
	/y/	hífe**n**	em final de palavra, compõe o ditongo /ẽy/ – raro
		be**n**s, ri**n**s	em plurais
O	/ɔ/	f**o**ge	
	/o/	rep**o**sição	
	/õ/	p**õ**e (forma do verbo pôr)	compõe o ditongo /õy/
		p**o**mba, p**o**nte	O + M, N em final de sílaba, seguida de consoante
		c**ô**modo, s**o**no, p**o**nha	O [núcleo de uma sílaba tônica] + sílaba começada por consoante nasal
	/u/	pont**o**	em sílaba átona
	/w/	ca**o**s, sagu**ã**o	em ditongos e tritongos

Valores contextuais dos grafemas da língua portuguesa			
Grafema	Fonema	Exemplo	Descrição do contexto
Q	/k/	**qu**adro, **qu**erer	sempre vem seguido de U, que nem sempre representa um fonema (dígrafo QU)
R	/R/	**r**ato	em posição inicial
		hon**r**a, Is**r**ael	em início de sílaba, precedido de N ou S
		ba**rr**o	em posição intervocálica, dígrafo RR
	/r/	ca**r**o	em posição intervocálica
		p**r**azo	segunda consoante em encontros consonantais
	/R/ ou /r/	u**r**so, ma**r**	em final de sílaba, em posição interna ou em final de palavra, dependendo da variedade
S	/s/	**s**alada	em início de palavra, com qualquer vogal
		p**s**icólogo, ab**s**olver	quando for precedido de consoante
		i**ss**o, pa**ss**ado	em posição intervocálica, dígrafo SS
		pi**sc**ina, cre**sç**o	em posição intervocálica, dígrafos SC, SÇ
	/s/ ou /š/	ca**s**ca, atrá**s**	em final de sílaba seguido de consoante surda ou final de palavra, dependendo da variedade
	/z/ ou /ž/	de**s**de	em final de sílaba precedida de consoante sonora, dependendo da variedade
	/z/	a**s**a	em posição intervocálica
		cau**s**a	após ditongo
U	/u/	t**u**do	
	/ũ/	**um**bigo, **un**tar	U + M, N em final de sílaba, seguida de consoante
		r**u**mo, t**ú**nel, **u**nha	U [núcleo de uma sílaba tônica] + sílaba começada por consoante nasal
	/w/	ma**u**, Parag**u**ai	em ditongos e tritongos

Valores contextuais dos grafemas da língua portuguesa			
Grafema	Fonema	Exemplo	Descrição do contexto
U	∅	guerra, querer	depois de G ou Q e antes de E e I, pode não representar fonema algum, nem modificar o valor básico do grafema anterior, entrando na composição dos dígrafos GU, QU
X	/š/	xícara, xarope	em início de palavra
	/š/	enxame, enxergar	no interior da palavra, após inicial EN- [a não ser que o prefixo se anexe a radical com CH, por exemplo, en + **ch**eio = en**ch**er, en + **ch**arco = en**ch**arcar]
		caixa, faixa	após ditongo
	/s/ ou /š/	texto, sexta	dependendo da variedade, em final de sílaba, precedido de E
	/s/	máximo	
	/z/	exato, exame	apenas após vogal E
	/ks/ ou /kis/	fixo, tórax	
	/kz/	hexágono	
Z	/z/	zelo; cerzir, zonzo	em início de palavra ou de sílaba precedido de consoante
		azedo	em posição intervocálica
	/s/ ou /š/	cartaz	em final de palavra oxítona, dependendo da variedade

Quadro 4. Valores contextuais dos grafemas no sistema ortográfico da língua portuguesa.[8]

Contextos irregulares

Como os valores que os grafemas assumem dependem da posição que ocupam na palavra e de seu entorno, é possível afirmar que eles não são totalmente arbitrários. Quem conhece as regularidades contextuais tem como antecipar inclusive os contextos em

---

[8] Este quadro, com algumas adaptações, foi publicado anteriormente como anexo 3 do artigo "Mora na filosofia" (*idem*, p. 70-73).

que vários grafemas concorrem para representar um mesmo fonema.

A antecipação desses contextos permite que o escritor possa consultar o dicionário e certificar-se da forma correta sem o risco de incorrer em erros. No quadro 5, enumeram-se os principais contextos irregulares:

Contextos irregulares			
Grafemas	Fonema	Posição	Exemplos
1. CH ou X	/š/	no começo ou no interior da palavra, seguido de vogal	**ch**eiro, **x**ereta me**x**er, ca**ch**oeira
2. H ou vogal	∅	no início da palavra	**h**álito, **h**erança, **h**ino, **h**oje, **h**umilhar / **a**gressão, **e**stender, **i**dealizar, **o**rganizar, **u**sina
3. J ou G	/ž/	no início ou no interior da palavra, seguido de E ou I	**g**êmeo, exi**g**ir, **j**ibóia, proje**ç**ão
4. S ou C	/s/	no início da palavra, seguido de E ou I	**c**erteza, **s**elo **c**icatriz, **s**ilêncio
5. S ou C	/s/	no interior da palavra, entre uma consoante e uma das vogais E ou I	in**s**eto, per**s**iana per**c**eber, núp**c**ias
6. S ou Ç	/s/	no interior da palavra, entre uma consoante e uma das vogais A, O ou U	adver**s**ário, sen**s**o, con**s**ulta, cal**ç**a, cadar**ç**o, cal**ç**udo
7. S ou X	/s/ ou /š/	no interior da palavra em final de sílaba, seguido de consoante	te**s**te, te**x**to
8. S ou Z	/z/	no interior da palavra, entre vogais	cami**s**a, a**z**edo

Contextos irregulares			
Grafemas	Fonema	Posição	Exemplos
9. S ou Z	/s/ ou /š/	no final da palavra	tênis, cartaz
10. SS ou Ç (SÇ, raro)	/s/	no interior da palavra, entre vogais, sendo que a segunda é A, O ou U	passar, assobiar, assunto, cabeça, endereço, açúcar, cresço, cresça
11. SS, C ou SC	/s/	no interior da palavra, entre vogais, sendo que a segunda é E ou I	passeio, sucessivo disfarce, macieira crescer, descida
12. U ou L	/w/ ou /l/	no interior da palavra, em final de sílaba ou de palavra	soltar, pousar jornal, pica-pau

Quadro 5. Contextos irregulares em que mais de um grafema concorre para representar um mesmo fonema.[9]

O quadro permite constatar que, dos doze contextos envolvendo irregularidades, oito dizem respeito a grafemas que podem representar os fonemas /s/ e /z/, recordistas isolados no talento de criar armadilhas a quem escreve.

Apoiando-nos em Luft[10], elaboramos o quadro 6 com a finalidade de apontar algumas regularidades morfológicas e também algumas correlações etimológicas que podem ser estabelecidas entre palavras de uma mesma família sem a necessidade de recorrer a formas arcaicas acessíveis apenas a especialistas que estudam a história da língua:

---

[9] Este quadro, com algumas adaptações, foi publicado anteriormente como anexo 3 do artigo "Mora na filosofia" (idem, p. 70-73).
[10] LUFT, 2003, p. 63-92.

Regularidades morfológicas e correlações etimológicas para orientar o uso das múltiplas representações dos fonemas /s/ e /z/			
Grafemas	Fonema	Contexto	Exemplos
C e Ç (e não S, SS ou SC)	/s/	correlação em razão da etimologia T > C	ato > ação isento > isenção Marte > marciano torto > torcer
		sufixos -AÇA, -AÇO, -AÇÃO, -ECER, IÇA, -ANÇA, -UÇA, UÇO	barcaça, buzinaço, comunicação, amanhecer, hortaliça, festança, dentuça, dentuço
SS (e não C ou Ç)	/s/	correlação em razão da etimologia ND > NS	estender > extensão suspender > suspensão
		correlação em razão da etimologia RG > RS	imergir > imersão submergir > submersão
		correlação em razão da etimologia RT > RS	divertir > diversão inverter > inversão
		correlação em razão da etimologia PEL > PULS	expelir > expulsão repelir > repulsão
		correlação em razão da etimologia CORR > CURS	correr > curso discorrer > discurso
		correlação em razão da etimologia SENT > SENS	sentir > sensível consentir > consenso
		sufixo -ENSE (formador de adjetivos gentílicos)	catarinense, fuminense
		correlação em razão da etimologia CED > CESS	ceder > cessão exceder > excessivo
		correlação em razão da etimologia GRED > GRESS	agredir > agressão progredir > progresso
		correlação em razão da etimologia MIT > MISS	admitir > admissão permitir > permissão

Regularidades morfológicas e correlações etimológicas para orientar o uso das múltiplas representações dos fonemas /s/ e /z/			
Grafemas	Fonema	Contexto	Exemplos
SS (e não C ou Ç)	/s/	correlação em razão da etimologia CUT > CUSS	dis**cut**ir > dis**cuss**ão reper**cut**ir > reper**cuss**ão
		correlação em razão da etimologia PRIM > PRESS	im**prim**ir > im**press**ão re**prim**ir > re**press**ão
		com prefixo terminado em vogal ou em S + palavra começada com S: A-, ANTE-, ANTI-, CONTRA-, DES-, DIS-, EXTRA-, INFRA-, ENTRE-, PLURI-, POLI-, PRE-, PRO-, PROTO-, RE-, SEMI-, SOBRE-, TRI-, ULTRA-, UNI-	a**ss**entar, **ante**ssala, **anti**sséptico, **contra**ssenso, **des**salgar, **dis**sociar, **extra**sseco, **infra**ssom, **entre**ssafra, **pluri**sseriado, **poli**ssílabo, **pre**ssupor, **pro**sseguir, **proto**ssolar, **re**ssacar, **semi**ssono, **sobre**ssaltar, **tri**ssílabo, **ultra**ssom, **uní**ssono
S (e não Z)	/z/	sufixos -ESA, -OSE	prin**cesa** (títulos nobiliárquicos), fran**cesa** (gentílicos femininos), frut**ose**
		correlação em razão da etimologia D > S	alu**d**ir > alu**s**ão, defen**d**er > defe**s**a
		prefixo terminado em -S + palavra começada por vogal ou por H: DES-, TRANS-	**des**abafo, **des**armonia, **trans**atlântico
		em diminutivo cujo radical termina em S	casa > casinha, raso > rasinho
Z (e não S)	/z/	sufixos -EZA	certo > cert**eza**, leve > lev**eza** (formador de substantivo a partir de adjetivo)
Z (e não S em final de palavra)	/s/ ou /š/	sufixos -EZ	gravi**dez**, pali**dez**

Quadro 6. Regularidades morfológicas e correções etimológicas para orientar o uso das múltiplas representações dos fonemas /s/ e /z/.

Dígrafos

Um rápido exame no quadro 4 revela que um fonema nem sempre é representado apenas por um único grafema. Na palavra **ch**a*ma*, por exemplo, não há como fazer corresponder um fonema para o grafema C e outro para o H, pois os dois caracteres, CH, conjuntamente, representam graficamente o fonema /š/. É o que se chama de dígrafo, definido por Bechara como "o emprego de duas letras para a representação gráfica de um só fonema"[11].

Alguns fonemas são representados apenas por dígrafos, já que não há outra maneira de grafá-los. É o caso de /ñ/, que só é representado por NH, e de /ľ/, que só é representado por LH. O mesmo acontece com as vogais nasais: /ẽ/, representada por EN ou EM; /ĩ/, por IN ou IM, e /ũ/, por UN ou UM, sempre em final de sílaba, no interior da palavra, desde que a sílaba seguinte não comece por vogal.

A análise dos grafemas que compõem os dígrafos da língua portuguesa permite identificar aqueles cuja função é modificar o valor de base de grafemas adjacentes. É o caso de M e N, que nasalizam o valor de base da vogal anterior. Também do H, que transforma o valor de base do grafema C que é /k/, do L que é /l/, e do N que é /n/, que passam respectivamente a representar as consoantes palatais[12]: /š/, /ľ/ e /ñ/.

Cumpre esse papel também o grafema U que, antes de E ou de I, indica que G não tem o valor de /ž/. Em relação ao grafema Q, o U assume um caráter um pouco distinto, já que o grafema Q é sempre seguido de U, podendo compor dígrafo como em **qu**i*mera* ou representar a semivogal /w/ como em **qu**a*dro*.

---

[11] BECHARA, 2006, p. 567.
[12] Consoantes palatais são aquelas pronunciadas a partir do contato do dorso da língua com o palato.

Dígrafos da língua portuguesa			
Dígrafos	**Fonemas representados**		**Exemplos**
	Vogais	*Consoantes*	
AM AN	/ã/		**am**pulheta **an**tena
EM EN	/ẽ/		**em**prego **en**frentar
IM IN	/ĩ/		**im**paciente **in**dividual
OM ON	/õ/		s**om**bra **on**da
UM UN	/ũ/		c**úm**plice f**un**do
CH		/š/	**ch**afariz
LH		/ľ/	i**lh**a
NH		/ñ/	cami**nh**o
GU		/g/	**gu**itarra
QU		/k/	**qu**eijo
RR		/R/	ba**rr**o
SS		/s/	pa**ss**agem
SC		/s/	pi**sc**ina
SÇ		/s/	cre**sç**a
XC		/s/	e**xc**esso

Quadro 7. Relação dos dígrafos da língua portuguesa e os fonemas que representam.

Valor zero

Há ainda o grafema H em posição inicial, como em **h**ábito, **h**emisfério, **h**istória, **h**omenagem, **h**umor. Nessa posição, o H não representa fonema algum, nem modifica o valor da vogal seguinte. Trata-se de um grafema de valor zero.[13]

Para entender a origem do emprego do H com valor zero, é preciso recuperar um pouco a história da ortografia da língua portuguesa. No começo, o português era uma língua só falada, não escrita, como são, ainda hoje, muitas línguas indígenas. Os textos escritos, em geral documentos oficiais, eram redigidos em latim: falava-se português, mas escrevia-se em latim.

Foi somente no século XII que apareceram os primeiros documentos totalmente escritos em português. Inicialmente, as palavras eram escritas mais para o ouvido do que para o olho e era comum encontrar uma mesma palavra escrita de maneiras diferentes em um mesmo texto.

A partir do século XVI, vários estudos sobre ortografia introduziram uma série de regras para que as pessoas escrevessem procurando usar os mesmos grafemas empregados nas palavras em sua língua de origem. Por exemplo, para escrever *farmácia*, era preciso saber que a palavra vinha do grego e que, por essa razão, o fonema /f/ deveria ser grafado com PH, *pharmacia* (do grego *pharmakeía*). Mas, para escrever *flor*, como a palavra era de origem latina (do latim *flōs / flōris*), era preciso empregar o F.

Foi apenas com a Reforma Ortográfica de 1911 que houve a primeira iniciativa de simplificação da escrita da língua portuguesa. Na síntese de Mateus:

> *Esta reforma, que deveu muito aos trabalhos sobre ortografia realizados por Gonçalves Viana, eliminava dígrafos de origem grega como th, ph, rh e o y, simplificava as consoantes duplas (excepto rr e ss entre vogais), eliminava consoantes*

---
[13] Para o conceito de grafemas com valor zero, consultar BLANCHE-BENVENISTE e CHERVEL, *op. cit.*, 147.

não pronunciadas *"desde que não influíssem na pronúncia da vogal antecedente"* e regularizava a acentuação gráfica.[14]

A redação do aviso da Igreja do Carmo reproduzido abaixo, cujo texto normatizado para a ortografia vigente seria "É proibido colar cartazes e anúncios em todo o edifício desta ordem", exemplifica como se escrevia até o início do século XX.

Figura 2. Aviso afixado na parede da Igreja do Carmo, na cidade do Porto, em Portugal, escrito com a ortografia anterior à Reforma de 1911.

---

[14] MATEUS, 2006, p. 6.

Repare que nem a simplificação nem o último acordo alteraram o emprego do H inicial, que só é mantido por força da etimologia. Exemplos:

hábil, do latim *habĭlis*;
herança, do latim *herĕntia*;
hino, do latim *hymnus*;
honesto, do latim *honēstus*;
humano, do latim *humānus*.

Capítulo 2

O que as crianças não sabem quando erram?

O leitor certamente conhece a fábula "A tartaruga e a lebre". Veja como Alex, aluno do 4º ano do Ensino Fundamental da rede pública de São Paulo (correspondendo ao 5º ano do Fundamental de 9 anos), a reconta.

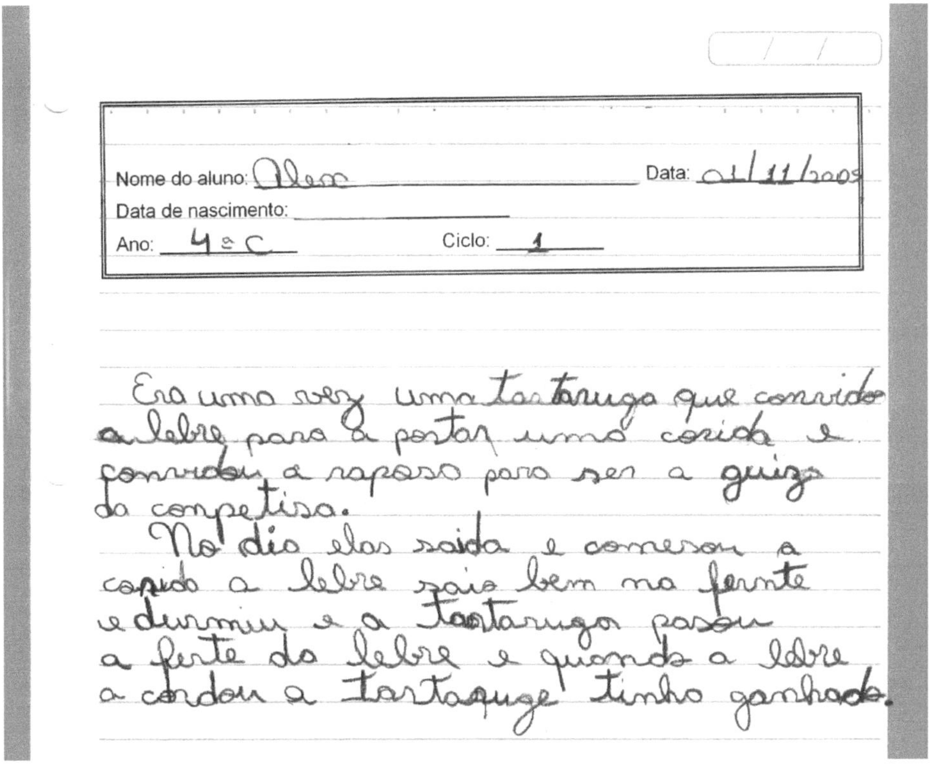

Nome do aluno: Alex Data: 01/11/2009
Data de nascimento:
Ano: 4ª C Ciclo: 1

Era uma vez uma tartaruga que convido a lebre para a portar uma corida e convidou a raposso para ser a guizo da competisa.
No dia elas saida e comesou a corida a lebre saio bem na fernte e durmiu e a tartaruga pasou a ferte da lebre e quando a lebre a cordou a tartaquge tinho ganhado.

Figura 3. Reconto da fábula "A tartaruga e a lebre", produzido por Alex, aluno da 4ª série (5º ano do Fundamental de 9)

Embora a narração seja feita de modo esquemático, o leitor reconhece os principais elementos da trama: o primeiro parágrafo corresponde à situação inicial; o segundo, ao desenvolvimento da ação e ao seu desfecho. Ao observar o modo como as palavras foram grafadas, identificará muitos erros.

Trata-se de um estudante relapso, displicente? Não parece. Ao longo do texto é possível encontrar sinais de intensa atividade de reformulação, como as frases apagadas com borracha nas três primeiras linhas:

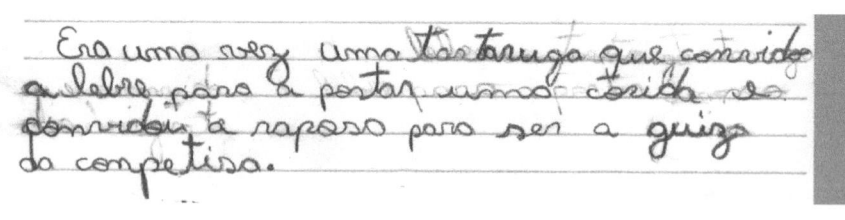

Figura 4. Trecho apagado e reescrito pelo aluno Alex.

Ou indícios de acréscimo da letra I após a escrita da palavra *saída*, ou ainda rasuras nas palavras *corrida* e *tartaruga*:

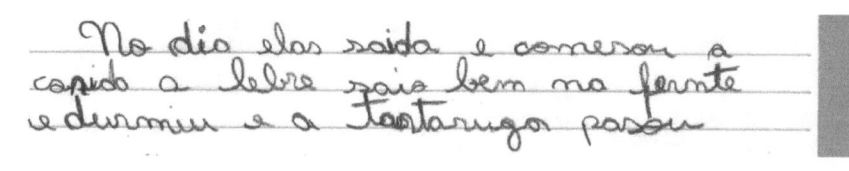

Figura 5. Trecho com marcas de acréscimo e rasura.

Não é preciso ser professor de língua portuguesa para localizar as palavras em que há desvio ortográfico: 'convido', 'a postar', 'corida', 'guiza', 'conpetisa', 'comesou', 'saio', 'pasou', 'fernte' / 'ferte', 'durmiu', 'a cordou'. Mas, por que essas palavras estão erradas? Também não é preciso ser professor de língua portuguesa para responder, como normalmente se faz, por que houve omissões, acréscimos, substituições ou inversões de letras na palavra:

omissão	substituição	inversão
'convido' 'corida' 'pasou'	'guiza' 'conpetisa' 'comesou' 'saio' 'durmiu'	'fernte / ferte'

Do ponto de vista de quem errou, isto é, do aluno que precisa aprender ortografia, saber que falta a letra U na palavra 'convido', ou que se deve trocar o G pelo J em 'guiza' não ajuda a evitar o erro em outras situações de escrita. Como, então, responder de modo produtivo à pergunta: por que está errado?

Olhemos mais de perto apenas as três palavras do texto em que faltam letras.

'convido'	/o/ > o → ou	Em praticamente todas as regiões do Brasil, o ditongo -OU é pronunciado como [o]: há uma redução de ditongo. Exemplos: • Bolsa de 'coro'; • Anel de 'oro'; • Ele 'encontro' o amigo; • A lebre 'convido' a tartaruga.

O erro em 'convido' ocorre por interferência da variedade linguística falada pelo aluno que precisa aprender que se fala de um jeito e se escreve de outro (veja o quadro 8, p. 46), que precisa ser capaz de identificar em quais contextos isso ocorre e precaver-se, monitorando sua escrita, já que a maneira como falamos reflete nossa identidade como pertencentes a uma comunidade linguística.

'corida'	/R/ > r → rr	O grafema R pode representar o fonema /R/ (o erre forte), como em *rolo* ou em *enrolar*, mas em *corrida* é preciso usar dois erres e não um, pois o contexto é intervocálico: entre duas vogais, o /R/ é representado pelo dígrafo RR, caso contrário o fonema representado é o de /r/, o que pode alterar o sentido de palavras em contextos idênticos, como *caro* (preço elevado) e *carro* (veículo).
'pasou'	/s/ > s → ss	O grafema S pode sozinho representar o /s/ como em *sabão* e em *ensaboar*, mas em *passou* é preciso usar dois esses e não um, pois o contexto é intervocálico e, entre duas vogais, usa-se o dígrafo SS e não a letra S para representar o fonema /s/, o que pode alterar o sentido de palavras em contextos idênticos, como *asa* (parte do corpo de aves, insetos etc.) e *assa* (forma do verbo *assar* que se refere ao modo de preparar um alimento ao fogo ou no forno, irritação na pele etc.).

Nos dois casos – 'corida' e 'pasou' – os erros não têm nenhuma relação com a fala, tanto é assim que os grafemas empregados, em outros contextos, podem representar esses mesmos fonemas. O erro revela desconhecimento das restrições contextuais impostas aos grafemas S e R, quando empregados no interior de uma palavra em posição intervocálica (veja o quadro 4, p. 24).

Essa compreensão do erro permite ao professor planejar situações didáticas que possibilitem aos alunos descobrir as regularidades ortográficas, fixar essas descobertas e, principalmente, as transformar em ferramentas para revisar textos. Obter sucesso nesse trabalho, como na fábula, exigirá mais a persistência da tartaruga do que a rapidez da lebre.

Retomemos a palavra: 'convido'. Quando identificamos que faltam letras ('cadera'/*cadeira*, 'caxa'/*caixa*) ou que sobram letras ('arroiz'/*arroz*, 'treis'/*três*) por interferência da fala na escrita, é sempre importante localizar se o problema incide no radical ou na terminação da palavra. As terminações são bem mais generalizáveis do que os radicais, já que é nelas que ocorrem os processos morfológicos da língua, como a flexão e a formação de palavras por derivação. Se Alex tivesse escrito 'oro' em vez de **ou**ro, como o ditongo se localiza no radical só restaria a ele memorizar a palavra e aprender que **ou**rives, **ou**rivesaria, d**ou**rado, d**ou**rar etc. também devem ser escritas com OU e não O.

Mas, felizmente, a redução de ditongo incidiu na terminação do verbo – a desinência da terceira pessoa do singular do pretérito perfeito do indicativo. Não é apenas *convidou* que se escreve com -OU: todos os verbos da primeira conjugação são grafados assim: *notou, captou, sacou, morou...* na filosofia, como diz a letra do samba de Monsueto Menezes e Arnaldo Passos.

Esse é outro princípio didático de um ensino reflexivo de ortografia: é preciso investir pesadamente no que é regular e frequente, pois, agindo assim, reduziremos significativamente o número de erros.

Os leitores de pouca fé a essa altura resmungam, incrédulos: os alunos não sabem nem escrever, quanto mais compreender a gramática que está por trás dessa proposta. Atenção, companheiro casmurro, em que língua eles conversam (e olha que conversam...)? É possível falar uma língua ou uma variedade linguística sem dominar sua gramática? O trabalho proposto apoia-se em grandes listas que permitem identificar, empiricamente, a regularidade. A metalinguagem é empregada apenas como uma etiqueta para identificar os itens que dela fazem parte.

É importante lembrar que, sem uma teoria que nos permita interpretar os erros como hipótese a respeito do modo como a ortografia funciona, fica difícil promover um ensino reflexivo. É a isso que nos dedicaremos a seguir.[15]

Quando se fala de um jeito e se escreve de outro?

Interferência da variedade linguística falada pela criança

Durante o processo de alfabetização, um dos procedimentos que as crianças mais adotam para escrever é comparar a expressão oral com a escrita. Como as relações biunívocas entre grafemas e fonemas não são numerosas, já que um mesmo fonema pode ser representado por vários grafemas e um mesmo grafema pode representar diferentes fonemas, transcrever a escrita redundará em numerosos erros ortográficos.

Além disso, como a língua que se fala é afetada pelas características dos diferentes espaços em que se dão as interações comunicativas (cada região tem seu próprio dialeto; cada segmento social, seu socioleto; seleciona-se um registro mais ou menos formal em função do grau de proximidade com o interlocutor), é inevitável que as primeiras escritas estejam impregnadas das marcas da variedade linguística praticada na comunidade a que a criança pertence.

É importante não esquecer, entretanto, que a ortografia neutraliza a imensa diversidade de variedades faladas. Congelada, a forma ortográfica não corresponde à fala de ninguém. Porém, como

---

[15] O trecho de abertura deste capítulo, com pequenas alterações, corresponde ao artigo de minha autoria "Mora na filosofia" (SECRETARIA MUNICIPAL DE EDUCAÇÃO DE SÃO PAULO, 2011, Unidade II: Palavra cantada [professor], p. 4-6).

historicamente a escrita sempre esteve orientada pela variedade padrão, indiscutivelmente encontram-se maiores diferenças nas formas do português popular. Uma vez que essas formas são avaliadas socialmente de modo negativo, preconceituoso mesmo, talvez resida aí a crença de que se deva corrigir a fala da criança para que ela escreva corretamente. Como se a forma ortográfica pudesse sugerir uma pronúncia ideal! Trata-se de um equívoco. Se a criança recém-alfabetizada lê e escreve com os ouvidos, o império do olho ensurdece os alfabetizados, que acabam não escutando a própria variedade que falam.

Um ensino reflexivo de ortografia é, assim, uma porta de entrada para reflexões de natureza linguística, pois, ao tratar o desvio da norma ortográfica como um lugar privilegiado para descrever os fatos da língua, chama-se a atenção para as diferenças entre a modalidade falada e a escrita e analisam-se os diferentes componentes do sistema linguístico: na fonética (as diferentes pronúncias), na morfologia (o sistema flexional e derivacional), na sintaxe (a concordância), na semântica (palavras homófonas-heterográficas e parônimas).

No quadro 8, elaborado a partir de Ataliba Teixeira de Castilho[16], são relacionados alguns dos contextos que podem provocar a emergência de formas desviantes por interferência da variedade falada. Apontar os contextos em que há diferenças entre a língua que se fala e a língua que se escreve permite que as crianças possam evitar cometer erros ortográficos desse tipo.

---

[16] CASTILHO, s.d., p. 3-5.

Descrição da variante linguística que provoca a forma escrita desviante	Exemplo
1. Troca do L por R em encontros consonantais (rotacismo)	chic**l**ete → 'chic**r**ete' prob**l**ema → 'prob**r**ema'
2. Troca de E (pretônico ou postônico) por I	m**e**ntira → 'm**i**ntira' dent**e** → 'dent**i**'
3. Troca de O (pretônico ou postônico) por U	b**o**tão → 'b**u**tão' velud**o** → 'velud**u**'
4. Troca de LH por LI ou o inverso	ma**lh**a → 'ma**li**a' famí**li**a → 'famí**lh**a'
5. Troca de LH por I (semivocalização)	pa**lh**a → 'pa**i**a' fa**lh**a → 'fa**i**a'
6. Troca de L por U (semivocalização em final de sílaba ou palavra)	so**l**tar → 'so**u**tar' pape**l** → 'pape**u**'
7. Redução do ditongo decrescente a. AI → A b. EI → E c. OU → O	b**ai**xa → 'b**a**xa' cab**ei**leireiro → 'cabe-lerero' qu**ei**xo → 'qu**e**xo' qu**ei**jo → 'qu**e**jo' r**ou**pa → 'r**o**pa' peg**ou** → 'peg**o**'
1. Redução de ditongo crescente átono em final de palavra a. IA → A b. IO → O	importânc**ia** → 'importanç**a**' negóc**io** → 'negoç**o**'
2. Redução de ditongo nasal em sílaba átona com desnasalização: -AM > -O; -EM > -E	falar**am** → 'falar**o**' bobag**em** → 'bobag**e**'
3. Redução de desinência de gerúndio: -NDO → -NO	faze**ndo** → 'faze**no**' come**ndo** → 'come**no**'
4. Redução de proparoxítonas em paroxítonas	abóbora → 'abobra' árvore → 'arvre'
5. Omissão do R em final de palavras	encontra**r** → 'encontra' pescado**r** → 'pescado'
6. Omissão das marcas de plural redundante	duas meninas chegaram atrasadas → 'duas menina chegou atrasada'.

7. Acréscimo de I em sílaba travada (terminada em consoante)	*advogado* → 'ad**i**vogado' *opção* → 'op**i**ção'
8. Acréscimo de I em palavras terminadas pelo fonema /s/ grafado com S ou Z (ditongação)	*três* → 'tre**i**s' *cartaz* → 'carta**i**z'

Quadro 8. Descrição da variante linguística que provoca a forma escrita desviante.

Quando a observação do contexto orienta a escrita correta?

Regularidades contextuais

Em geral, as crianças em processo de alfabetização operam com o valor de base dos grafemas na hipótese silábica com valor sonoro, na hipótese silábico-alfabética, ou, ainda, na alfabética inicial[17]. Como são poucos os grafemas empregados apenas com o seu valor de base (veja o quadro 3, p. 22), o desconhecimento de seus outros valores é uma das fontes de erros.

Assim, para escrever corretamente boa parte das palavras da língua, as crianças precisam conhecer as regras que regulam o uso dos grafemas em função de sua posição no começo, no interior ou no fim da palavra e, ainda, algumas restrições impostas pelos grafemas que vêm antes ou depois daquele que se quer grafar no momento. É o que analisaremos em seguida.

---

[17] Segundo o paradigma psicogenético desenvolvido por Emília Ferreiro e Ana Teberosky, a criança opera com a hipótese silábica quando escreve controlando a produção pela segmentação silábica da palavra, com ou sem valor sonoro convencional; com a hipótese silábico-alfabética, quando oscila entre a segmentação silábica da palavra e a alfabética; com a hipótese alfabética inicial quando escreve fazendo corresponder um grafema a um fonema, ainda que sem controle ortográfico. FERREIRO e TEBEROSKY, 1985.

Valores contextuais dos grafemas[18]

Quando alguém lhe pergunta o que quer dizer uma palavra, você provavelmente responde: "depende do contexto". Isso porque, para determinar o sentido de uma palavra, precisamos saber quais são as que a precedem ou a seguem na linearidade do texto, concorrendo para estabelecer os contornos de sua interpretação.

Se lhe indagassem que fonema uma determinada letra representa, a não ser que fosse B, P, D, T, V, F, J ou Q, empregados apenas pelo seu valor de base, para todas as outras você também deveria responder: "depende do contexto".

Mas a que contexto nos referimos, quando nosso olhar se dirige a uma unidade tão pequena quanto um grafema? Aí vai a resposta: refere-se tanto à sua posição na palavra quanto à identificação dos grafemas que vêm antes ou depois dele. Vamos examinar cada um desses casos.

A posição do grafema na palavra

Como vimos, muitos problemas ortográficos podem ser resolvidos, ou pelo menos reduzidos, apenas analisando a posição do grafema na palavra, isto é, se ele ocorre no início, no interior ou no fim. Vejamos os vários fonemas que podem ser representados pelo grafema "X":

X	/š/	*x*ícara
	/z/	e*x*austor
	/s/	e*x*periência
	/ks/	tá*x*i

---

[18] Este tópico, com algumas adaptações, corresponde ao artigo de minha autoria "Depende do contexto" (SECRETARIA MUNICIPAL DE EDUCAÇÃO DE SÃO PAULO, 2011, Unidade III: Palavra dialogada [professor], p. 4-8).

Porém, não é em qualquer posição que o grafema X pode representar todos esses fonemas. Analisemos quatro palavras começadas por fonemas que o X poderia representar:

| /z/ _?_OMBAR |
| /s/ _?_ANEAMENTO |
| /š/ _?_ERIFE |
| /š/ _?_ARRETE |

Provavelmente, você só cogitaria empregar X para completar as duas últimas palavras da lista, porque, embora X possa representar /s/ e /z/, isso nunca ocorre em início de palavra.

Analisemos agora a primeira palavra da lista: /z/ _?_OMBAR. Já sabemos que não é com X, mas poderia ser com S? Também não. O único grafema que em início de palavra pode representar o fonema /z/ é Z – **z**ombar, **z**umbido, **z**íper etc.

Z			
	/z/	Apenas Z, em posição inicial.	*zombar, zumbido*
		Apenas Z, quando a sílaba anterior terminar por consoante.	*cer-zir, an-zol*
		Em algumas ocorrências do fonema, em posição intervocálica.	*vazio, azedo*
	/s/	Em alguns casos, em final de palavras oxítonas.	*cartaz, luz*

A vizinhança do grafema na palavra

Retomemos a segunda palavra da lista apresentada anteriormente: /s/ _?_ANEAMENTO. Quantos grafemas podem representar o fonema /s/?

Respire fundo e encare a lista:

/s/	C	**c**erâmica
	Ç	diferen**ç**a
	S	**s**ubterrâneo
	SS	intere**ss**e
	SC	pi**sc**ina
	SÇ	de**sç**a
	X	e**x**portar
	XC	e**xc**esso
	Z	velo**z**
	XS	e**xs**udar

Antes que o leitor grite por socorro... De todas as nove opções, porque, convenhamos, o dígrafo XS é tão raro que nem vale a pena considerá-lo, em início de palavra apenas duas são possíveis: S e C. Porém, como o grafema que ocorre depois é A, S é a resposta. Em posição inicial, se o grafema que vier depois for A, O ou U, a única opção para representar o fonema /s/ é o S, mas, se for E ou I, concorrem o C e o S: na dúvida, é melhor consultar o dicionário.

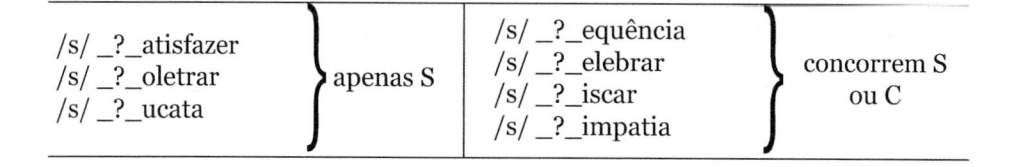

/s/ _?_atisfazer /s/ _?_oletrar /s/ _?_ucata	apenas S	/s/ _?_equência /s/ _?_elebrar /s/ _?_iscar /s/ _?_impatia	concorrem S ou C

A finalidade de um ensino reflexivo de ortografia não é erradicar o erro, pois só não erra quem não escreve. A finalidade é antecipar quais são os contextos em que mais de um grafema concorre para representar um mesmo fonema e escapar das armadilhas. É exatamente o caso das duas últimas palavras da lista, **x**erife e **ch**arrete.

Quais são os contextos irregulares em que apenas a consulta ao dicionário pode esclarecer a grafia correta?

Ao escrevermos um texto, dificilmente erramos grafemas que apenas são usados com o seu valor de base. Sabemos também que é possível evitar muitos problemas se analisarmos com cuidado a posição que o grafema ocupa na palavra ou se observarmos os grafemas que vêm antes ou depois dele. Mas há contextos em que um grafema compete com outros para representar um mesmo fonema. Por exemplo, ao escrever a palavra *trave_?_a*, utensílio no qual a comida é servida, é admissível que surja a dúvida: como representar o fonema /s/?

O contexto intervocálico, seguido da vogal A, permite-nos descartar C e SC, que só podem ser empregados seguidos das vogais E ou I. Será com SS ou Ç? Repare que em contexto semelhante (posição intervocálica, seguida de A) *mestiça* grafa-se com Ç e *amassar*, com SS. Casos como esses envolvem contextos arbitrários, isto é, mais de um grafema compete para representar um mesmo fonema. Saber qual dos dois é o correto depende de um conhecimento que não está mais disponível para a maioria dos usuários da língua: a etimologia, que é o estudo da origem e da história das palavras.

Travessa, que é grafada com SS, vem do latim *trāsversē*[19], direção oblíqua ou diagonal, de través. Têm a mesma origem: o advérbio *através*; o verbo *atravessar*; o substantivo *travessa*, com o sentido de rua transversal em relação a outra mais importante; *travesseiro*, almofada para apoiar a cabeça, depositada na cama de través; o adjetivo *travesso*, que significa irrequieto, traquinas, que se comporta

---
[19] Descrição elaborada a partir do verbete de CUNHA, 1991, p. 785.

de modo atravessado, não em conformidade com as boas maneiras. Embora *través* se escreva com um S, as formas derivadas (*atravessar, travessa, travesso, travesseiro*) são grafadas com dois SS, porque estão em posição intervocálica. Nesse contexto, o grafema S nunca representa /s/. Como a palavra primitiva é escrita com S, emprega-se o dígrafo SS em função da restrição posicional.

Repare que a arbitrariedade se configura para o escritor contemporâneo que "se esqueceu" da etimologia. A história das mudanças que as palavras foram sofrendo ao longo do tempo permitiria explicar por que uma palavra é grafada de um jeito e não de outro. Por essa razão, quando alguém escreve 'traveça', dizemos que cometeu um erro por desconhecimento da origem da palavra.

Mas quais são os contextos em que corremos maiores riscos de cometer erros desse tipo?

Como vimos nos quadros 5 e 6, conhecer os lugares perigosos em que uma letra ou um dígrafo podem representar um mesmo fonema evita erros ao escrever. Conhecendo as armadilhas, é possível precaver-se e evitar deslizes.

Quando é possível resolver dúvidas ortográficas analisando-se os constituintes das palavras?

Regularidades morfológicas[20]

Muitos erros ortográficos podem ser evitados observando-se as regularidades ortográficas dos menores constituintes significativos que compõem a palavra

---

[20] Elementos para o desenvolvimento deste item e do "Quando se escreve junto ou separado? – Segmentação em palavras" (p. 59) encontram-se no artigo de minha autoria "Palavras e palavrinhas" (SECRETARIA MUNICIPAL DE EDUCAÇÃO DE SÃO PAULO, 2011, Unidade III: Palavra dialogada [professor], p. 24-27).

– os morfemas –, os quais assumem um conjunto de propriedades gramaticais recorrentes, como a formação de novas palavras com o acréscimo de prefixos e/ou sufixos à base de significação do radical (morfemas derivacionais)[21]; a flexão de palavras com o acréscimo de desinências que indicam as categorias de gênero e número dos substantivos e adjetivos ou modo e tempo, número e pessoa dos verbos (morfemas flexionais). O processamento morfológico, isto é, a capacidade de segmentar a palavra em unidades menores, pode ser usado como estratégia para homogeneizar a escrita de palavras derivadas ou flexionadas que compartilham os mesmos morfemas.

Embora os falantes tenham a intuição do que sejam as palavras, conseguindo identificá-las sem dificuldade em situações que exigem a segmentação do discurso, entre os linguistas o conceito de palavra está longe de uma definição universal. Sem entrar na polêmica, vamos tomar como referência a definição proposta por Ilari em artigo produzido para o Museu da Língua Portuguesa:

> *Unidade do léxico caracterizada (1) fonologicamente por dispor de esquema acentual e rítmico, (2) morfologicamente por ser organizada por uma margem esquerda (preenchida por morfemas prefixais), por um núcleo (preenchido pelo radical), e por uma margem direita (preenchida por morfemas sufixais), (3) sintaticamente por organizar ou não um sintagma, (4) semanticamente por veicular uma ideia (enquanto que a sentença veicula*

---

[21] Os prefixos, que modificam a base de significação do radical, não condicionam a classe morfológica da palavra nem indicam categorias de flexão. Sufixos, além de modificarem a base semântica do radical, determinam a classe morfológica da palavra, isto é, a adaptam para que, em contextos específicos, assuma as propriedades típicas de substantivos, adjetivos, verbos ou advérbios. Por essa razão, dependendo da classe, podem indicar número, gênero, pessoa, tempo e modo.

uma proposição), e (5) graficamente por vir separada por meio de espaços em branco.

Tipicamente, a palavra é maior do que uma unidade significativa (por exemplo, na palavra cachorro *há duas unidades significativas,* cachorr-, *que remete a uma espécie animal, e* -o, *que manda considerar apenas um espécime, do sexo masculino) e menor do que os sintagmas, as grandes unidades sintáticas que estruturam a sentença (como* o cachorro de guarda do vizinho, *ou* um cachorro branco*).*[22]

Vamos explorar um pouco essa definição para descobrir como os aspectos envolvidos no conceito de palavra podem servir para promover reflexão linguística enquanto ensinamos os alunos a resolver dúvidas ortográficas de modo inteligente. Comecemos pela dimensão fonológica (1). Na maioria das palavras da língua, a terminação -ÃO ocorre em palavras oxítonas:

Paroxítonas	**Oxítonas**
BOtam	boTÃO
CAçam	caÇÃO
MAmam	maMÃO
TOrram	torRÃO
VAgam	vaGÃO

Nos exemplos acima, a acentuação orienta uma distribuição das palavras em duas classes distintas: a dos verbos (formas paraxítonas) e a dos substantivos (formas oxítonas).

Também o acento pode ser orientador para o uso das desinências:

-ÃO (da 3ª pessoa do plural do futuro do presente do indicativo), forma oxítona;

---

[22] ILARI, s.d., p. 27.

-RAM (da 3ª pessoa do plural do pretérito perfeito do indicativo) e -AM (da 3ª pessoa do plural do presente do indicativo e demais tempos dos verbos da primeira conjugação), formas paroxítonas.

Formas do pretérito perfeito, do presente do indicativo e demais tempos (paroxítonas)	Formas do futuro do presente (oxítonas)
BOtam	botaRÃO
caÇAram	caçaRÃO
maMAvam	mamaRÃO
torraRIam	torraRÃO
VAgam	vagaRÃO

A acentuação, portanto, pode ser um recurso empregado para que os alunos saibam como resolver reflexivamente uma dúvida ortográfica: grafar com -ÃO ou -(R)AM?

Avancemos analisando a dimensão morfológica (2). Como diz Ilari, as palavras podem ser organizadas por uma margem esquerda (preenchida por prefixos), por um núcleo (preenchido pelo radical) e por uma margem direita (preenchida por sufixos ou desinências).

margem esquerda	núcleo	margem direita
re-	lembr-	-ou
	laranj-	-al
des-	-ord-	-eir-o

É nas margens que é possível buscar regularidades ortográficas, pois prefixos, sufixos e desinências são unidades muito mais recorrentes do que os radicais, que, por se referirem a seres, a propriedades ou a processos existentes no mundo, são, por isso mesmo, muito mais numerosos. Na língua portuguesa, a margem direita é a mais produtiva, porque, além dos sufixos responsáveis pela formação de palavras novas, é no final que ocorrem, nos verbos, as flexões de tempo e modo, pessoa e número e, nos substantivos e adjetivos, as de gênero e número.

As desinências (morfemas flexionais) podem ser divididas em três grupos: verbais, nominais e verbo-nominais, como relacionadas no quadro 9:

Morfemas flexionais (desinências)	Nominais	Gênero	∅ (masculino) / -**a** (feminino)
		Número	∅ (singular) / -**s** (plural)
	Verbais	Modo-temporais	-**va** (-**ve**): imperfeito do indicativo, 1ª conjugação -**ia** (-**ie**): imperfeito do indicativo, 2ª e 3ª conjugações
			-**ra** (-**re**): mais-que-perfeito do indicativo (átono)
			-**sse**: imperfeito do subjuntivo
			-**ra** (-**re**): futuro do presente (tônico)
			-**ria** (-**rie**): futuro do pretérito
			-**r**: futuro do subjuntivo
			-**e**: presente do subjuntivo, 1ª conjugação
			-**a**: presente do subjuntivo, 2ª e 3ª conjugações
		Número-pessoais	1ª sing. ∅, -**o**: presente do indicativo -**i**: pretérito perfeito e futuro do presente
			2ª sing.: -**s**, -**ste**: pretérito perfeito -**es**: futuro do subjuntivo
			3ª sing. ∅, -**u**: pretérito perfeito
			1ª pl.: -**mos**

Morfemas flexionais (desinências)	Verbais	Número--pessoais	2ª pl.: **-is**, **-stes**: pretérito perfeito do indicativo, **-des**: futuro do subjuntivo
			3ª pl.: **-m**, **-ram**: pretérito perfeito **-rão**: futuro do presente **-em**: futuro do subjuntivo
	Verbo--nominais		**-r**: infinitivo
			-ndo: gerúndio
			-do (**-so**, **-to**) : particípio

Quadro 9. Morfemas flexionais nominais e verbais.

A dimensão sintática (3) envolve a capacidade de refletir a respeito de como as palavras lexicais e as funcionais se interligam enquanto constituintes da sentença, estabelecendo relações de concordância, de subordinação e de ordem. Ao reconhecer e controlar deliberadamente tais aspectos, o estudante, por exemplo, pode monitorar sua escrita evitando cometer erros de concordância nominal ou verbal.

A dimensão semântica (4) manifesta-se quando o significado é fator decisivo para orientar a ortografia. É o que ocorre com as palavras homófonas--heterográficas e parônimas, assunto que trataremos mais detalhadamente no tópico seguinte – *Quando apenas o sentido de uma palavra pode orientar sua forma gráfica?*, p. 58.

A dimensão gráfica (5) permite reconhecer a superfície concreta da página, isto é, a colocação de espaços em branco entre sequências de letras orientando a segmentação, que abordaremos em *Quando se escreve junto ou separado? – Segmentação em palavras*, p. 59.

Finalizando, é interessante notar como a definição privilegia as palavras nocionais (substantivos, adjetivos, verbos, advérbios), em detrimento das palavras gramaticais (os pronomes e os artigos), que localizam o ser no discurso e os conectivos (conjunções e preposições), que ligam palavras ou articulam frases e segmentos do texto. Por serem pequenas, a maioria constituída por monossílabos átonos, as palavras gramaticais criam muitas dificuldades para leitores e escritores recém-alfabetizados. Por não se referirem a seres ou processos existentes no mundo, as crianças relutam em considerá-las palavras; por serem átonas e se agregarem à palavra seguinte como uma sílaba adicional, provocam a ocorrência de erros ortográficos envolvendo a segmentação de palavras: escrever junto o que deveria ser separado (hipossegmentação); escrever separado o que deveria ser escrito junto (hipersegmentação).

Quando apenas o sentido de uma palavra pode orientar sua forma gráfica?

Ainda que, em geral, quem escreve precise ater-se ao significante e não ao significado das palavras, já que as letras notam a pauta sonora e não outras propriedades a que o signo linguístico faz referência, há situações em que, para grafar corretamente, será necessário analisar o contexto em que a palavra ocorre e considerar seu sentido para decidir-se pelo emprego deste ou daquele grafema.

É o que ocorre com palavras:

homófonas-heterográficas que, sendo diversas no significado e na grafia, se pronunciam de modo idêntico. Exemplos: *sem* (preposição) / *cem* (numeral); *seção* (parte de algo) / *sessão* (espaço de tempo em que se realiza determinada atividade) /*cessão* (a ação de ceder). Apenas o enunciado orientará a seleção da forma correta.

homógrafas-heterofônicas, em que há relação entre palavras diferentes no significado e na pronúncia, mas que apresentam a mesma forma gráfica. Exemplo: *transtorno* [ô] (substantivo) e *transtorno* [ó] (1ª pessoa do singular do presente do indicativo do verbo *transtornar*); *gosto* [ô] (substantivo) e *gosto* [ó] (1ª pessoa do singular do presente do indicativo do verbo *gostar*). Sem oferecer problema algum a quem escreve, exigem atenção quando for necessário ler um texto em voz alta.

parônimas, isto é, palavras com sentidos diferentes, mas com formas relativamente próximas na grafia e na pronúncia. Exemplo: *descrição* (enumeração dos componentes de algo) / *discrição* (qualidade de quem é reservado); *inflação* (aumento excessivo) / *infração* (violação de uma norma). Assim como as palavras homófonas-heterográficas, requerem atenção ao enunciado para não incidir em erro ao tomar uma pela outra.

Quando se escreve junto ou separado? Segmentação em palavras

Os espaços em branco entre as palavras que caracterizam a escrita não correspondem à segmentação da modalidade oral. A fala, uma cadeia contínua de sinais acústicos, não é dividida em palavras. Em termos prosódicos, quem fala organiza o discurso em blocos maiores. Como a criança se apoia na oralidade quando aprende a escrever, é inevitável que se encontrem ocorrências envolvendo segmentações não convencionais: quer unindo palavras que deveriam ser escritas com um espaço em branco entre elas, quer desunindo elementos da palavra (sílabas ou morfemas) que deveriam ser escritos sem espaço.

Chama-se de hipossegmentação os casos de junção indevida e de hipersegmentação os casos de segmentação indevida.

Já que os casos de hipossegmentação são mais recorrentes (entre 75% e 85%), como atestam os estudos comparativos com textos infantis em três línguas (espanhol, italiano e português) realizados por Ferreiro e Pontecorvo[23], convém analisar os tipos de palavra que se agregam nessa junção: as palavras nocionais e as palavras gramaticais. Azeredo[24] explica assim a diferença entre os dois tipos de palavras:

> *Uma distinção básica permite distribuir os vocábulos de uma língua em dois grupos: o das palavras nocionais e o das palavras gramaticais. Expliquemo-nos com um exemplo: se combinarmos na ordem que se segue os vocábulos* peixe, comer, inseto, cair, lagoa, *notamos que dela se pode extrair algum sentido, por mais que não se trate de uma frase do português; para convertê-la numa frase, teríamos que acrescentar unidades que lhe conferissem um "arranjo" aceitável. Qualquer coisa como:* Esses peixes comem os insetos que caem na lagoa. *Esta nova sequência, uma legítima frase do português, tem uma estrutura devida, em grande parte, à presença de* esses, os, que, na. *Pelo seu papel "estruturador", estes vocábulos se dizem "gramaticais", ao passo que os primeiros, que apenas representam "seres" e "ações" – isto é, dados do mundo real ou imaginário – se dizem "nocionais".*

Enquanto o significado das palavras gramaticais é entendido no contexto linguístico pelas relações que estabelecem na enunciação, na organização do texto ou

---

[23] FERREIRO; PONTECORVO. Os limites entre as palavras. A segmentação em palavras gráficas. In: FERREIRO *et al.*, 1996, p. 38-66.
[24] AZEREDO, 2001, p. 6-13.

ainda na estruturação da frase, as palavras nocionais, mesmo fora do contexto, evocam mentalmente uma representação, referem-se à realidade extralinguística. Essa classificação simplificada das palavras é muito útil para compreender melhor alguns dos casos envolvendo desvios de segmentação em escritas infantis.

Estudos que investigam como as crianças desenvolvem o conceito de palavra, como o de Teberosky[25], indicam a importância do aspecto semântico no processo de construção do conceito de palavra, ao concluírem que as palavras gramaticais parecem ser mais difíceis de ser percebidas como unidades autônomas do que as palavras nocionais.

Vejamos os problemas em relação a esse aspecto encontrados no reconto da fábula "A tartaruga e a lebre", produzido por Wellington, aluno da primeira série (correspondendo ao atual 2º ano do Fundamental de 9):

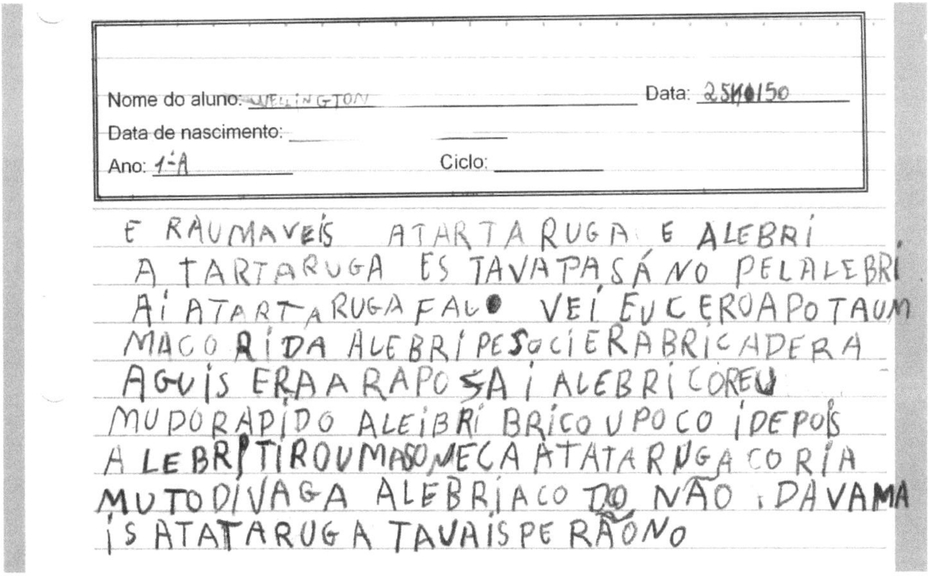

Figura 6. Reconto da fábula "A tartaruga e a lebre", produzido por Wellington, aluno da 1ª série (2º ano do Fundamental de 9).

---

[25] TEBEROSKY, 1994, p. 157-173.
Para uma revisão bibliográfica das pesquisas sobre a formação do conceito de palavra, consultar:
ABAURRE; SILVA, 1993, p.89-102.

Texto digitado	Texto normatizado apenas em relação à ortografia e à segmentação em palavras
E RAUMAVEIS **ATARTARUGA** E **ALEBRI** A TARTARUGA **ES TAVAPASÁNO** **PELALEBRI** AI ATARTARUGA FALO VEI EUCEROAPOTAUM MACORIDA ALEBRI PESOCIERABRICADERA **AGUIS** ERA A RAPOZA I ALEBRI COREU **MUDORAPIDO** ALEBRI BRICO **UPOCO IDEPOIS** A LEBRI TIROUMASONECA ATATARUGA CORIA **MUTODIVAGA** ALEBRIACO DO NÃO **DAVAMA** **IS** ATATARUGA **TAVAISPERÃONO**	era uma vez **a tartaruga** e **a lebre** a tartaruga **estava passando pela lebre** aí a tartaruga falou vem eu quero apostar uma corrida a lebre pensou que era brincadeira **a juiz** era a raposa e a lebre correu **muito rápido** a lebre brincou **um pouco e depois** a lebre tirou uma soneca a tartaruga corria **muito devagar** a lebre acordou não **dava mais** a tartaruga **estava esperando**

Os desvios de hipossegmentações encontrados na escrita de Wellington envolvem predominantemente a junção de palavras gramaticais, como artigos ('atartaruga', 'alebri', 'aguis', 'upoco'), preposições ou combinações ('pelalebri'), conjunções ('idepois') ou outros elementos linguísticos, como advérbios ('mudorapido', 'mutodivaga', 'davamais'), formas auxiliares de verbos ('es tavapasáno', 'tavaisperãono').

Embora haja poucas ocorrências de hipersegmentação no texto de Wellington, as explicações para os casos encontrados envolvem a semelhança entre constituintes diversos e as palavras gramaticais: o 'e' de 'e raumaveis' corresponde à conjunção *e*; o 'do' de 'alebriaco do' corresponde à combinação da preposição *de* com o artigo *o*.

Por serem constituídas predominantemente por monossílabos átonos, as palavras gramaticais funcionam como se fossem uma sílaba adicional da palavra normalmente à sua direita, o que concorre para que as crianças não as dissociem das palavras nocionais a que se relacionam. Além disso, como não remetem a algo que está fora da língua, as crianças resistem em considerá-las palavras.

Porém, há ocorrências que não se explicam pela junção de palavras gramaticais às nocionais. Abaurre e Silva lembram que:

> *É nesse sentido, talvez, que se pode afirmar que contornos prosódicos, perceptíveis em sua materialidade fônica, podem contribuir para que as crianças, em fase inicial de aquisição da linguagem oral e/ou escrita, comecem em algum momento a perceber que estão recortando não apenas sua representação da realidade, mas também a linguagem, sistema simbólico através do qual tal representação adquire expressão e materialidade.*[26]

As ocorrências destacadas no texto de Wellington também envolvendo predominantemente casos de hipossegmentação permitem lançar, como veremos, outras hipóteses explicativas.

---
[26] ABAURRE; SILVA, *op. cit.*, 1993, p. 89-102.

Texto digitado	Texto normatizado apenas em relação à ortografia e à segmentação em palavras
1. **E RAUMAVEIS** ATARTARUGA E ALEBRI	1. **era uma vez** a tartaruga e a lebre
2. A TARTARUGA ES TAVAPASÁNO PELALEBRI	2. a tartaruga estava passando pela lebre
3. AI ATARTARUGA FALO VEI **EUCEROAPOTAUM**	3. aí a tartaruga falou vem **eu quero apostar**
4. **MACORIDA** ALEBRI **PESOCIERABRICADERA**	4. **uma corrida** a lebre **pensou que era brincadeira**
5. AGUIS ERA A RAPOZA I ALEBRI COREU	5. a juiz era a raposa e a lebre correu
6. MUDORAPIDO ALEBRI BRICO UPOCO IDEPOIS	6. muito rápido a lebre brincou um pouco e depois
7. A LEBRI **TIROUMASONECA** ATATARUGA CORIA	7. a **lebre tirou uma soneca a tartaruga** corria
8. MUTODIVAGA **ALEBRIACO DO** NÃO DAVAMA	8. muito devagar **a lebre acordou** não dava mais
9. IS ATATARUGA TAVAISPERÃONO	9. a tartaruga estava esperando

Era uma vez, uma expressão consagrada para introduzir narrativas infantis, pode ter sido interpretada como uma unidade. Entretanto, é interessante notar que, ainda assim, houve a hipersegmentação do 'e' que ocorre isoladamente na mesma linha em 'atartaruga e alebri' e na quinta linha, 'i alebri coreu', grafado com I, revelando um uso quase consistente da conjunção entendida como palavra gráfica, já que o estudante, na sexta linha, emprega 'idepois'.

O trecho 'vei euceroapotaumacorida' – única inserção de discurso direto – corresponde ao desafio que a tartaruga faz à lebre. A segmentação entre *vem* e o trecho restante da fala da personagem sugere que Wellington esteja recortando uma unidade rítmico-entonacional da fala, claramente perceptível se a passagem for lida em voz alta:

– *Vem, eu quero apostar uma corrida!*

Em 'pensocierabricadera', 'tiroumasoneca', 'alebriaco do ', os elementos da frase em que houve a junção correspondem ao verbo e a seu complemento nos dois primeiros casos, e ao sujeito e ao verbo no terceiro. Nas três frases, parece que a segmentação articula-se à planificação do texto, já que isola ações das personagens correspondendo a passagens que poderiam ser segmentadas por meio da pontuação que Wellington ainda não emprega.

A reprodução da carta escrita por Bárbara Eliodora (veja a figura 7, p. 66), casada com Alvarenga Peixoto, ambos poetas e ativos militantes do movimento da Inconfidência Mineira, cujo original se encontra no Arquivo Público Mineiro (Casa dos Contos), permite constatar que não foi tão simples resolver o que deveria ser escrito junto ou separado na língua portuguesa, principalmente em relação à segmentação entre as palavras nocionais e as gramaticais a elas articuladas.

Quando esta carta foi escrita, Alvarenga havia sido exilado e Bárbara encontrava-se em dificuldades para tocar os negócios da família e criar os filhos. Recorre, então, ao peso que a relação de compadrio tinha na época. Com argumentação consistente, o texto da carta praticamente convoca João Roiz de Macedo a assumir seu compromisso de compadre.

Para facilitar a leitura, apresentamos uma versão digitada e sublinhamos as ocorrências em que, conforme a norma atual, há erros de segmentação. Aproveite e dê uma espiada em outros "erros", frequentes na escrita de nossos alunos e que já fizeram parte da variedade padrão em outros momentos da história do português do Brasil. Também não deixe de observar a quantidade de abreviações, tão recorrentes na comunicação sincrônica pela Internet. Quem diria!

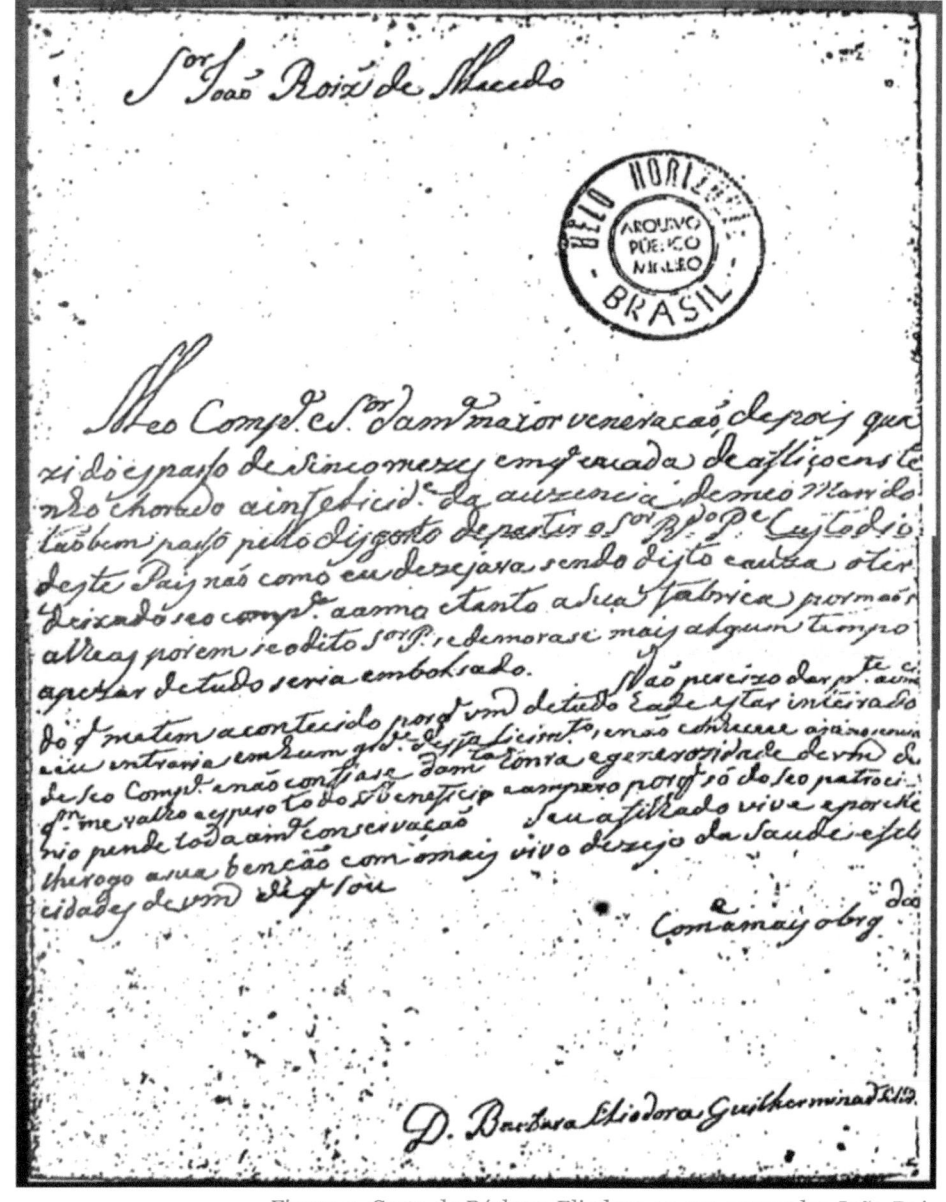

Figura 7. Carta de Bárbara Eliodora ao seu compadre João Roiz de Macedo.

Sor Joaõ Roiz de Macedo

Meo comp.^e e S.^or da m.ª maior veneração, depois quazi do espasso de sinco mezes emq.^e criada deaflições tenho chorado ainfelicid.^e da auzencia demeo marido tão bem passo pello disgosto departir o Sor R.^do P.^e Custodio deste Pais não como eu dezejava sendo disto cauza oter deixado seo comp.^e aanno etanto asua fabrica pormãos alheas porem se o dito S^orP.re demorase mais algum tempo apezar detudo seria embolsado.

Não precizo dar p.^te a vm^ce do q^e metem acontecido porq^e om detudo hadeestar inteirado eeu entraria emhum grd^e. desfalicim^to, enão conhece aconsciencia de seu Comp. enão confiase tam^ta. honra e generozidade de vm de q.^m me valho e espero todo beneficio eamparo porq^e só do seo patrocinio pende todaam^a conservação. Seu afilhado vive e por elle lherogo asua benção com mais vivo dezejo da saude efelicidades de vm deq^e sou

Com^e amais obrig.^da

D. Barbara Eliodora Guilhermina da Silv^a
(1795)

Pois é, as pequenas palavras gramaticais dão dor de cabeça desde tempos imemoriais... Pensando bem, se considerarmos expressões como "em cima" ou "embaixo", algumas das decisões não foram lá tão lógicas, não é mesmo?

Quando se acentua graficamente uma palavra?

Em oposição a línguas de acento fixo, em que a tônica incide sempre sobre uma determinada sílaba, o português é uma língua de acento livre, isto é, a tônica de uma palavra isolada pode ocorrer em qualquer uma das três últimas sílabas. Em função dessa característica, a acentuação gráfica (ou a sua ausência) tem por função orientar como as palavras devem ser lidas.

Por exemplo, a sequência S A B I A pode referir-se:

- ao adjetivo ou substantivo feminino que significa aquela que sabe muito, que possui muitos conhecimentos, se a sílaba tônica for SA- (***sábia***);

- às formas da 1ª ou 3ª pessoa do singular do pretérito imperfeito do indicativo do verbo *saber*, se a sílaba acentuada for -BI- (*sa**bi**a*);

- e, ainda, ao substantivo que nomeia certa ave de canto melodioso, se a tonicidade recair na sílaba -**A** (*sabiá*).

Quais palavras devem, então, ser acentuadas graficamente?

Uma pesquisa realizada por Cintra cuja finalidade era estabelecer parâmetros quantitativos para confirmar a noção intuitiva de que na língua portuguesa predominam os paroxítonos, sendo reduzido o número dos proparoxítonos, obteve os seguintes parâmetros para o *corpus* objeto de sua investigação:

(1) Cerca de um terço do corpus (33%) é constituído por vocábulos não acentuados, dos quais 93% são monossílabos.

(2) Os monossílabos são predominantemente (79%) átonos.

(3) Os paroxítonos constituem 63% do total de vocábulos acentuados, predominando com relação a outros padrões de acentuação para vocábulos de duas ou mais sílabas (com frequência que varia de 62 a 86%).

(4) Os proparoxítonos constituem apenas 7% dos vocábulos acentuados e 4% do corpus total, sendo cerca de três vezes menos frequentes que os oxítonos e aproximadamente dez vezes menos frequentes que os paroxítonos.

(5) A quase totalidade dos vocábulos acentuados (97%) é constituída por vocábulos paroxítonos (63% do corpus), oxítonos (18%) e monossílabos tônicos (12%). Tais vocábulos abrangem 62% do corpus total.[27]

Esses dados são importantes para compreender o princípio gramatical que orienta a acentuação gráfica desde a Reforma Ortográfica de 1911, coordenada

---
[27] CINTRA, 1997, p. 88-9.

pelo filólogo português Gonçalves Viana: indicar a sílaba tônica quer pela ausência quer pela presença do acento gráfico e, ao empregá-lo, orientar-se por um princípio de simplificação, assinalando apenas os esquemas acentuais excepcionais, menos frequentes. Vejamos como se aplicam as regras.

Se há um princípio de economia regendo as regras de acentuação, acentuar todas as proparoxítonas, que, de acordo com Cintra, são *três vezes menos frequentes que os oxítonos e aproximadamente dez vezes menos frequentes que os paroxítonos*, permite realizar, de modo econômico, uma grande oposição: de um lado as proparoxítonas, em que todas as palavras são acentuadas graficamente, de outro as oxítonas e as paroxítonas, em que apenas algumas são acentuadas.

Proparoxítona	**Oxítona Paroxítona**
Todas são acentuadas graficamente[28]	Apenas algumas são acentuadas graficamente

Quadro 10. Proparoxítonas *versus* oxítonas e paroxítonas.

---

[28] Inclusive, segundo BECHARA, as chamadas proparoxítonas aparentes que apresentam uma série vocálica pós-tônica considerada como ditongo crescente (-IA, -EA, -EO, -IE, -IO, -OA, -UA, -EU, -UO etc.): *área, páreo, ciência, série, adversário, amêndoa, tábua, tênue, árduo* etc.
BECHARA, 2006, p. 612.

Quais paroxítonas e oxítonas devem ser acentuadas graficamente?

A análise posicional dos grafemas (veja o quadro 4, p. 24) mostrou-nos que é possível começar palavras com todos eles, mas para finalizar há apenas um número reduzido de opções: além das vogais, as consoantes L, M, N, R, S, X e Z.

Por essa razão, aplicando mais uma vez o princípio da economia, para saber quais palavras oxítonas ou paroxítonas acentuar, é preciso observar como elas terminam e não como começam, lembrando que, como a finalidade é diferenciar oxítonas de paroxítonas, tudo o que for acentuado em um dos grupos deixa de ser acentuado no outro.

Como o princípio da economia atua em relação à acentuação das oxítonas e paroxítonas? Na língua portuguesa, há uma tendência a acentuar a última sílaba se a palavra terminar em consoante, e a penúltima se terminar em vogal. Isso significa que há mais oxítonas terminadas em consoante do que paroxítonas; por exemplo, todas as formas verbais no infinitivo terminam com -R e têm como tônica a sílaba final.

Em relação às palavras terminadas em -EM, acentuam-se as oxítonas, porque são paroxítonas todas as formas verbais com a desinência -EM da 3ª pessoa do plural: *cantem, escrevem, compreenderem, puserem*. Acentuá-las resultaria em um número enorme de palavras com acento. Desse modo, acentuam-se graficamente apenas as palavras que desviarem dessa tendência. São elas:

Oxítonas		Paroxítonas	
Terminadas em	*Exemplos*	*Terminadas em*	*Exemplos*
-A(S) -E(S) -O(S)[29]	sabiá(s), jacaré(s), robô(s)		
		-I(S), -U(S)[30]	júri, vírus
		-Ã(S), -ÃO(S)	imã(s), órfã(s), órfão(s)
-EM, -ENS[31]	armazém, também, parabéns		
		-ON(S)	próton, elétrons
		-UM, -UNS	álbum, álbuns
		-L, -N, -R[32], -X, -PS	automóvel, pólen, caráter, tórax, bíceps
-ÉI, -ÉU, -ÓI (ditongos abertos)	pap**éi**s, cha- p**éu**, her**ói**		
		ditongo: -EI(S)	jóqu**ei**(s), imó- v**ei**s, fác**ei**s
hiatos com 2ª vogal -I ou -U precedida de ditongo	Pia**uí**		

Quadro 11. Acentuação gráfica das oxítonas e paroxítonas.

Se observarmos atentamente o quadro 11, veremos que dois grafemas com os quais é possível terminar

---

[29] Inclusive as formas verbais oxítonas seguidas dos pronomes pessoais -LA(S), -LO(S) que levam à assimilação e perda do -R: *encontrá-la, revê-lo, decompô-los* etc.
[30] Não se acentuam prefixos paroxítonos terminados em -I, por exemplo, semi-integral.
[31] As formas da 3ª pessoa do plural do presente do indicativo de verbos derivados de *ter* e *vir* recebem acento circunflexo para diferenciá-las das formas do singular que recebem acento agudo, por exemplo, *convém* (3ª do singular) / *convêm* (3ª do plural); *contém* (3ª do singular) / *contêm* (3ª do plural). São as únicas formas verbais oxítonas terminadas por -EM; todas as demais são paroxítonas.
[32] Não se acentuam prefixos paroxítonos terminados em -R, por exemplo, *super-herói*.

palavras em português não orientam a acentuação gráfica nem de oxítonas, nem de paroxítonas: o Z e o S. Registre:

- Todas as palavras da língua portuguesa terminadas em -Z são oxítonas: *cartaz, arroz, capaz*. Logo, não há razão para acentuá-las, já que não há paroxítonas terminadas assim.

- Em relação ao -S, é importante não esquecer que nenhuma palavra é acentuada ou deixa de ser acentuada por terminar em -S. Como formamos o plural dos nomes acrescentando a desinência -S ao final das palavras, acentuar as oxítonas ou paroxítonas terminadas com -S resultaria em uma grande quantidade de palavras com acento gráfico: nada econômico, portanto. Na prática, se uma palavra terminar com a letra -S, ignora-se o -S e considera-se o grafema que ocorre antes dele: *livros* → *livro(s)*, termina em -O: não tem acento gráfico, porque apenas as oxítonas terminadas em -O são acentuadas; *tenis* → *teni(s)*, termina em -I: tem acento gráfico – *tênis*, porque as paroxítonas terminadas em -I(S) são acentuadas.

Uma observação importante: a regra das oxítonas terminadas em -A(S), -E(S) e -O(S) também é aplicada aos monossílabos tônicos: *lá, mês, só* etc. Mas a regra das palavras oxítonas terminadas em -EM ou -ENS, não: *cem, quem, bens* etc. Apenas as formas verbais da 3ª pessoa do plural do presente do indicativo dos verbos *ter* e *vir* – *têm* e *vêm* – acentuam-se com circunflexo para diferenciarem-se das formas da 3ª do singular que não têm acento gráfico: *tem* e *vem*.

Além de indicar se a palavra é oxítona, paroxítona ou proparoxítona, outra razão para acentuar graficamente é orientar a pronúncia de hiatos com I ou U, não importando se ocorrem na penúltima ou na última sílaba.

Oxítonas	Paroxítonas
As vogais tônicas I e U, em sílaba isolada ou com S, independentemente de ocorrerem em palavras oxítonas ou paroxítonas, levam acento agudo, quando antecedidas de uma vogal com a qual não formem ditongo e desde que não sejam seguidas de sílaba começada por NH (como rainha, tainha, bainha etc.)	
caí (de *cair*), *país*, *baú*, *Jaú* [33]	*raízes*, *paraíso*, *saúde*, *graúdo*

Quadro 12. Acentuação gráfica das vogais tônicas I e U em oxítonas e paroxítonas.

Com a revisão do acordo ortográfico de 1990, em 2009 foram eliminados os acentos diferenciais, mas, para evitar confusões, foram mantidos os acentos do verbo *pôr* e da forma da 3ª pessoa do singular do pretérito perfeito do verbo *poder* – *pôde*. É facultativo o acento do substantivo *fôrma* (distinto de *forma*, 3ª pessoa do singular do presente do indicativo do verbo *formar*).

Quando se emprega a letra maiúscula?

Enquanto as crianças escrevem apenas com letras maiúsculas, refletir a respeito do emprego das maiúsculas e minúsculas não faz sentido. Tão logo consigam traçar a letra cursiva com agilidade, essa reflexão começa a tornar-se possível, principalmente se o propósito for ajudá-las a usar as maiúsculas nos textos que produzem.

---

[33] Inclusive as formas verbais oxítonas dos verbos terminados em -AIR e -UIR, seguidas dos pronomes pessoais -LA(S), -LO(S) que levam à assimilação e perda do -R: atraí--lo(s), possuí-la(s) etc.

Porém, excetuando-se os substantivos próprios, a maiúscula, para iniciar uma frase, e o ponto de finalização compõem um conjunto que pode ser tomado como marcador de organização textual, pois permite organizar os tópicos discursivos na linearidade do texto, separando e agrupando unidades de complexidade variável. Juntamente com outros processos de segmentação gráfica, como títulos e subtítulos, marcadores de numeração, alínea (espaço em branco que sinaliza o parágrafo) etc., concorre para orientar a sequenciação dos conteúdos no texto.

Acreditamos que o assunto deva ser tratado, portanto, como um dos mecanismos de textualização, analisando seu funcionamento, por exemplo, na coesão sequencial para substituir os marcadores de continuidade tópica recorrentes na linguagem oral, como *aí*, *daí*, *e*, *então*, que migram para a escrita. Porém, essa discussão extrapola o estudo da ortografia, que é o objeto desta publicação.

Alguns desvios ortográficos mais recorrentes em escritas de crianças recém-alfabéticas

O uso de grafemas que representam consoantes em que há oposição entre surdas e sonoras

Os erros envolvendo as chamadas trocas entre consoantes surdas e sonoras[34] implicam a substituição de grafemas que representam pares de fonemas que se diferenciam apenas pelo traço de sonoridade; isto

---

[34] Embora sejam mais frequentes as trocas envolvendo fonemas surdos e sonoros, é possível encontrar trocas envolvendo posteriorização e anteriorização. Na posteriorização, o grafema é substituído por outro que representa um fonema produzido em uma zona de articulação imediatamente posterior àquele que deveria ser grafado; por exemplo, o fonema /s/, alveolar, é substituído por /š/, que é palatal: em vez de *sapato*, a criança escreveria '**ch**apato' ou '**x**apato'. Na anteriorização, o grafema é substituído por outro que representa um fonema produzido em uma zona de articulação imediatamente anterior ao que deveria ser grafado; por exemplo, o fonema labiodental /v/ sendo substituído por /b/, que é bilabial: em vez de ca**v**alo, 'ca**b**alu'.

é, alguns deles são surdos, não apresentando vibração das cordas vocais (ou pregas vocais); outros são sonoros, apresentando vibração das cordas vocais. O traço de sonoridade estabelece distinção entre os seguintes pares:

Fonemas surdos	Fonemas sonoros
/p/	/b/
/t/	/d/
/k/	/g/
/f/	/v/
/s/	/z/
/š/	/ž/

Quadro 13. Pares de fonemas distintos pelo traço da sonoridade.

Pesquisa realizada por Zorzi, cujo objetivo era analisar trocas de consoantes surdas-sonoras no contexto da diversidade que caracterizam os erros ortográficos recorrentes na produção escrita infantil, obteve os seguintes resultados:

pares	% em relação ao par	nº total de trocas para cada par	% total de erros N= 811
G - Q G - C Q - G C - G	44,8% 27% 11,3% 16,9%	203	25%
D - T T - D	54% 46%	181	22,3%
J/G - CH/X CH/X - J/G	29,6% 70,4%	115	14,2%
V - F F - V	42,1% 57,9%	114	14%

pares	% em relação ao par	nº total de trocas para cada par	% total de erros N= 811
/z/ - /s/ /s/ - /z/	94,2% 5,8%	104	12,8%
B - P P - B	62% 38%	94	11,6%

Quadro 14. Ocorrência de erros relativos a trocas de fonemas surdos-sonoros.[35]

Os dados obtidos pelo pesquisador permitem constatar que, em geral, ocorre a substituição de um fonema sonoro por um fonema surdo: G por Q (44,8% em relação ao par), D por T (54% em relação ao par), B por P (62% em relação ao par), além dos grafemas S, X e Z que representam o fonema /z/ substituídos por C, Ç, S, SS, SC, X e Z, que mais frequentemente representam o fonema /s/ (94,2%). Diferentemente dos pares anteriores, em que há grafemas exclusivos para representar os fonemas surdos e os sonoros, em relação a /s/ e /z/ os mesmos grafemas S, X e Z podem representar tanto o fonema surdo /s/, como em en*s*aboar, má*x*imo e carta*z*, como o sonoro /z/, como em pau*s*a, e*x*ame, a*z*eitona. Essa característica cria, é claro, dificuldades adicionais ao aprendiz.

Geralmente, as crianças que cometem essas trocas são perfeitamente capazes de pronunciar as palavras que contêm esses fonemas, já que, normalmente, por volta dos cinco anos já adquiriram todos os sons da variedade linguística falada pela comunidade a que pertencem. A tendência de trocar as consoantes sonoras pelas consoantes surdas ao escrever, assim, pode ser explicada pela necessidade que as crianças têm de oralizar o texto quando aprendem a escrever: precisam ler e escrever em voz

---

[35] Idem, p. 7.

alta. Porém, ao sussurrar enquanto grafam, perdem as pistas acústicas ou sonoras que permitem identificar se o fonema é surdo ou sonoro. À medida que se familiarizam com a linguagem escrita e ganham fluência para ler e escrever, as crianças passam a ser orientadas pelo olho e não pelo ouvido, reduzindo muito esse tipo de erro, que tende a desaparecer.

Curiosamente, na pesquisa realizada por Zorzi, entre os fonemas /š/ e /ž/, /f/ e /v/ as trocas seguiram caminho inverso: a consoante surda foi trocada pela sonora: 70,4% (CH/X por J/G) e 57,9% (F por V).

A explicação apontada pelo pesquisador é:

[...] podemos supor que, caso tais padrões articulatórios de fala não sejam suficientemente precisos, embora não sejam percebidos pelos ouvintes como errôneos, as imagens mentais decorrentes serão igualmente imprecisas. Neste caso, tais imagens, quando evocadas sonoramente, não permitirão uma boa análise e, portanto, a correspondência som-letra adequada porque não estariam diferenciadas com precisão entre si.[36]

Segundo investigação desenvolvida por Valente:

Interessada em investigar os padrões articulatórios de crianças consideradas com fala "normal" mas apresentando trocas surdas-sonoras na escrita, Valente (1997) realizou um estudo denominado "Análise da onda da fala em crianças com alterações na escrita quanto ao traço de sonoridade".
[...]
Os resultados obtidos por Valente (1997) indicam que, embora a "ouvido nu", como relata a autora, os fonemas produzidos pelas crianças possam soar

---
[36] Idem, p. 14.

em nossas orelhas como não alterados, a análise espectrográfica, que investiga objetivamente as características reais da onda de fala, revelou que os fonemas sonoros, no caso das crianças que escreviam errado, eram produzidos de uma maneira pouco consistente, ou seja, não apresentavam todas as características físicas e acústicas encontradas nos fonemas das crianças do outro grupo e que não cometiam trocas quando escreviam.[37]

As conclusões da pesquisa sugerem, portanto, que algumas crianças têm dificuldades para estabelecer se os sons que devem grafar correspondem a fonemas surdos ou a sonoros, segundo Zorzi:

Neste caso, tais imagens, quando evocadas sonoramente, não permitirão uma boa análise e, portanto, a correspondência som-letra adequada porque não estariam diferenciadas com precisão entre si.[38]

Antes de encaminhar para avaliação com um fonoaudiólogo crianças que apresentarem trocas envolvendo os grafemas que representam fonemas surdos e sonoros, é importante analisar cuidadosamente os textos que produzem e, principalmente, considerar se há um número elevado de palavras com esse tipo de desvio e se, ao longo do processo escolar, esse número se mantém alto ou apresenta declínio. Quando a maioria dos colegas da turma não comete mais erros desse tipo, uma avaliação com um especialista pode ser solicitada, pois a criança pode estar encontrando dificuldades para reconhecer quais grafemas correspondem exatamente a quais fonemas em função de problemas na análise fonológica.

---
[37] VALENTE, 1997, *apud* ZORZI, 1998, p. 14-15.
[38] Idem, p.14.

A representação das sílabas não canônicas

Assumindo o modelo hierárquico de sílaba, proposto por fonólogos gerativistas modernos como Halle & Vergnaud (1978) e Selkirk (1982), Abaurre sustenta que a sílaba apresenta:

> [...] uma estrutura não linear de constituintes, que definem uma hierarquia interna em que a sintaxe interna (máxima) é a seguinte:

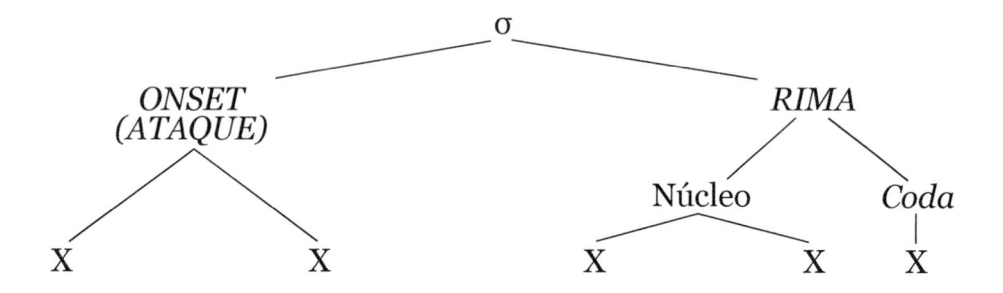

```
                    σ
           ┌────────┴────────┐
        ONSET              RIMA
       (ATAQUE)          ┌────┴────┐
        ┌─┴─┐          Núcleo    Coda
        X   X          ┌─┴─┐      │
                       X   X      X
```

> Desses constituintes, o núcleo é o único obrigatório em todas as línguas, constituindo o locus do pico de sonoridade. Há línguas que exigem também o preenchimento do ataque. Algumas línguas não têm coda; algumas admitem ataques ramificados.
> O português permite o preenchimento da coda e admite a ramificação do ataque, mas tais sílabas são mais complexas e são produzidas mais tarde pelas crianças no processo de aquisição da linguagem oral, conforme demonstram estudos em diferentes línguas.[39]

Como mostra o diagrama, a sílaba pode ser representada por dois ramos. O primeiro, chamado

---

[39] ABAURRE, Maria Bernadete Marques. Horizontes e limites de um programa de investigação em aquisição da escrita, p. 13-14. In: LAMPRECHT, Regina Ritter (org.), *Aquisição da linguagem: questões e análises*. Porto Alegre: EDIPUCRS, 1999, p.167-186. Disponível em: www.cchla.ufpb.br/proling/pdf/bernadete/bernadete01.pdf. Acesso em: 07/01/2013.

ataque, pode conter até duas consoantes, como na sílaba inicial da palavra **pra**-ta. O segundo, chamado *rima,* pode ser dividido em *núcleo* e *coda,* por exemplo, as duas sílabas que compõem a palavra **pa-ta** apresentam apenas núcleo; já as duas sílabas de *par-tir* contêm núcleo e coda.

Em português, o núcleo, único constituinte obrigatório, é preenchido somente por vogais e constitui-se no pico de sonoridade. A *coda*, como o *ataque*, é ocupada por consoantes, porém o número de consoantes que pode ocupar esse lugar (posição final da sílaba), em comparação ao *ataque* (posição inicial da sílaba), é bastante reduzido: apenas /s/, /r/, /l/, /m/ e /n/. Ainda assim, não se pode esquecer que a consoante /l/, em final de sílaba, na maioria das variedades do português do Brasil, corresponde a /w/: não há oposição na maneira com que se pronunciam as palavras *mal* e *mau*. Em relação ao N e ao M em posição final de sílaba no interior da palavra, há quem os considere índice de nasalização da vogal anterior, como em **cam**-po e **can**-to.

Em seus estudos, Abaurre, verificou que:

> *[...] as crianças demonstram dificuldades, na escrita, em preencher a posição de coda silábica, bem como a segunda posição nos ataques ramificados.*
> *[...]*
> *Tal fato parece indicar que, após a construção de CV, a criança constrói CVC, ficando CCVC, com o ataque ramificado, como a estrutura de maior complexidade. Essa ordem de aquisição, já observada em estudos sobre o aparecimento dessas estruturas na linguagem oral (Cf. Ramos, 1996), parece também refletir-se na aquisição da escrita, o que permite talvez supor que seja esse realmente o momento em que algum processo de análise ou reflexão sobre as estruturas em questão acaba sendo*

desencadeado pelas próprias exigências da escrita alfabética, na qual se faz necessário representar linearmente os fonemas de acordo com as posições que ocupam nas sílabas.[40]

Ao preencher a posição de coda silábica, as crianças podem omitir a consoante: 'caçado' em vez de ca**ça****dor**; trocar a consoante por vogal: 'gaiso' no lugar de *ganso*, 'tauco' no lugar de *talco;* acrescentar uma vogal: 'gize' em lugar de *giz*; inverter a consoante em posição de coda: 'secola' em lugar de *escola*. Nos dois primeiros casos, é possível falar em interferência da variedade linguística falada pelos alunos, já que se verifica na fala uma espécie de erosão dos constituintes das sílabas cuja estrutura não é a canônica (CV). Mas, e nos outros dois casos?

Nas sílabas com ataque ramificado, em português, a segunda consoante costuma ser a vibrante simples /r/ ou a lateral /l/, também chamadas de consoantes líquidas, dada a sensação de fluidez que as torna susceptíveis de se combinarem facilmente com outras, formando encontros consonantais. Em geral, os desvios ortográficos em relação a esse aspecto se manifestam com a omissão da consoante líquida: 'pato' em vez de *prato*; acréscimo de vogal dissolvendo o encontro consonantal: 'parato'; inversão da consoante líquida: 'parto' em vez de *prato*; troca de consoante líquida ou uso de h, provavelmente por analogia ao fato de ocupar a segunda posição em dígrafos (CH, LH, NH): 'plato' em vez de *prato*, 'chima' em vez de *clima*.

Esses desvios não correspondem a interferências da variedade linguística falada pela criança, como a que pronuncia e escreve 'refrigerante', mas de crianças que enunciam as consoantes líquidas ao falar,

---
[40] Idem, p. 16.

porém erram ao representá-las na escrita: 'cavo', 'caravo', 'chavo' ou 'carvo' no lugar de *cravo*. Como explicar essas ocorrências?

Alguns desvios envolvendo a posição de coda silábica e a segunda posição nos ataques ramificados parecem sugerir que as crianças precisam reconstruir o modelo de sílaba para além do canônico CV, finalizando com as palavras de Abaurre:

> *A hierarquia de constituintes silábicos aqui assumida permite, portanto, descrever os dados apresentados de maneira a que se possam sistematicamente relacionar as vacilações das crianças à necessidade de identificar e representar, na escrita, segmentos em posições de sílabas com estrutura mais complexa.*[41]

Algumas observações a respeito da translineação

Chama-se translineação a quebra de uma palavra no final de linha com a inclusão de um hífen, que deve ser mantido nessa mesma linha. Em geral, o corte ocorre em uma das sílabas com algumas alterações pontuais em relação às regras de separação silábica:

- não é recomendável que uma sílaba constituída por uma vogal fique no final ou no início de linha: a-/reia, arei/-a > areia;

- separa-se a sequência de duas letras iguais, sejam elas vogais ou consoantes, devendo essas pertencer a sílabas distintas: ca-/atinga, pas-/sarinho;

---
[41] Idem, p. 16.

- após a revisão do mais recente acordo ortográfico, a partir de 2009 é obrigatória a repetição do hífen, quando a translineação ocorrer no local onde há um hífen que divide palavras compostas ou formas verbais acompanhadas de pronomes átonos: sexta-/-feira, encontrá-/-lo.

Quando não é possível aplicar uma regra? Hipercorreção

Segundo Bortoni-Ricardo:

> *Chamamos de hipercorreção ou ultracorreção o fenômeno que decorre de uma hipótese errada que o falante realiza num esforço para ajustar-se à norma-padrão. Ao tentar ajustar-se à norma, acaba por cometer um erro.*[42]

Em relação à ortografia, a hipercorreção caracteriza-se pela aplicação de uma regra a contextos em que ela não é admissível. O erro decorre, portanto, do excesso de zelo, ou, empregando uma metáfora, é efeito colateral da sequência de atividades que confronta as hipóteses dos estudantes com dados da realidade.

Erros por hipercorreção, bastante recorrentes no processo de aprendizagem do sistema ortográfico, demonstram que a criança, ainda que inadequadamente, se empenha em usar a regra que está estudando. Encontram-se erros por hipercorreção em praticamente todas as sub-regularidades do sistema. Alguns exemplos:

---

[42] BORTONI-RICARDO, 2004, p. 28.

a. Ao aprender que a redução do ditongo /ow/ > /o/ pode ocorrer, praticamente, em todos os contextos, por exemplo, 'losa' para *lousa*, 'desenho' para *desenhou*, a criança escreve 'profess**ou**ra'.

b. Ao constatar que o dígrafo GU também pode representar o fonema /g/, Marcela (veja a figura 10, p. 104) escreve 'divagua', 'xeguou' e 'guanhado', para *devagar*, *chegou* e *ganhado*.

c. Ao descobrir que, em final de sílaba, a semivogal /w/ pode ser representada por L, como em *carnaval*, *final*, *anzol*, Marcela escreve *'a lebre corel corel corel'*.

d. Após aprender que os grafemas M ou N em final de sílaba no interior de uma palavra indicam a nasalidade da vogal anterior, em uma lista de frutas, uma criança escreve 'melano', 'mamano', 'limano', para *melão*, *mamão* e *limão*: o erro revela que ela ainda não se deu conta de que os índices de nasalização M ou N só são possíveis quando a sílaba seguinte iniciar-se por consoante.

e. Ao aprender que os pronomes átonos podem ligar-se ao verbo com o hífen, como em *encantou--se*, um estudante escreve 'Se eu ganha-se na loteria...', em que isola a desinência modo-temporal do pretérito imperfeito do subjuntivo.

Capítulo 3

Parâmetros para o ensino da ortografia

Uma proposta de ensino orientada para promover aprendizagem significativa deverá engajar-se para que os novos conteúdos se incorporem às estruturas cognitivas do aprendiz de um modo não arbitrário. Tal concepção de ensino-aprendizagem confere à avaliação inicial uma função reguladora do planejamento, já que a identificação dos saberes dos alunos pautará a seleção das expectativas de aprendizagem, bem como a elaboração da sequência de atividades a ser desenvolvida em sala de aula. Essa conduta não é diferente em relação ao ensino reflexivo de ortografia que se orienta pelo planejamento de situações didáticas que permitam a descoberta das regularidades ortográficas, a assimilação dessas regras, bem como seu uso em atividades mais complexas.

A função do diagnóstico ortográfico

Ao longo de cada período escolar ou dos diferentes anos do ciclo, os diagnósticos permitem mapear a evolução de cada estudante, de cada turma, de várias turmas de um mesmo ano, ou ainda de vários anos do ciclo: quais dificuldades foram superadas, quais ainda exigem investimento?

Analisando a produção de um aluno, o professor pode identificar quais são os avanços e as dificuldades em um determinado período; comparando com diagnósticos anteriores, pode verificar se houve avanços ou não.

Confrontando os resultados da turma, o professor pode identificar quais conteúdos precisam ser tratados coletivamente, porque concentram as dúvidas de muitos estudantes; quais devem ser abordados em pequenos grupos ou individualmente, porque alguns alunos ou apenas um deles revelaram não haver compreendido algo.

Confrontando os dados correspondentes às diferentes turmas de um mesmo ano, é possível identificar se os resultados são semelhantes ou se alguma das turmas apresenta um desempenho discrepante em relação às demais, quer destacando-se por resultados abaixo da média quer acima dela. Esses elementos permitem que o coordenador pedagógico, por exemplo, identifique eventuais dificuldades que determinado professor possa estar enfrentando, bem como investigue quais foram as condições didáticas que permitiram a superação das expectativas por parte de outro.

Confrontando os resultados das turmas de diferentes anos do ciclo, a equipe escolar pode avaliar se houve ampliação das capacidades envolvidas, tanto em relação à compreensão das regras e à adoção de procedimentos de revisão durante ou após a textualização, como também em relação ao zelo e empenho com que se dedicam à escrita de textos corretos.

Como realizar o diagnóstico?

O ditado de um texto ou de uma lista de palavras permitiria, com indiscutíveis vantagens, investigar quais conteúdos ortográficos os alunos já dominam e quais precisam aprender: toda a turma seria submetida à escrita de um mesmo *corpus* de palavras, o que facilitaria a comparação. Ao ditar, o professor precisaria estar muito atento para não artificializar a pronúncia que fatalmente induziria a escrita dos alunos. Porém, ainda que mantenha rigoroso controle em relação a esse aspecto, ditar não é a mesma coisa que falar espontaneamente. Ao pronunciar em voz alta uma palavra para que outra pessoa escreva, reduzimos a velocidade da elocução, o que altera as características dos sons produzidos.

Por essa razão é que damos preferência a situações diagnósticas em que, em vez de serem submetidos a um ditado, os alunos são convidados a transcrever textos que saibam de cor (como uma parlenda, um poema, a letra de uma canção) ou a recontar, com suas palavras, um texto conhecido (uma fábula, um conto, uma lenda) sem que, nas duas situações, tenham tido acesso à versão escrita do texto-fonte para evitar dúvidas em relação ao registro: o que foi escrito corresponde efetivamente aos saberes do aluno ou é resultado da exposição à versão impressa?

Para um diagnóstico eficaz, recomendamos os seguintes cuidados:

a. A seleção do texto a ser transcrito ou recontado deve ser feita de modo cuidadoso para assegurar que as palavras que o compõem favoreçam a emergência do que se quer investigar: interferência da fala na escrita, regularidades contextuais, regularidades morfológicas, contextos irregulares envolvendo palavras de alta frequência.

b. Caso o texto selecionado não permita diagnosticar algum conteúdo ortográfico satisfatoriamente, sempre é possível organizar uma lista complementar de palavras. O uso de imagens a serem nomeadas, por exemplo, oferece a vantagem de eliminar a necessidade do ditado. Nessa situação convém, oralmente, solicitar que os alunos identifiquem o que as ilustrações representam antes da escrita dos nomes.

c. Se a opção for a transcrição de textos que as crianças sabem de cor, é preciso criar condições para que possam memorizá-los antes da realização do diagnóstico. Essa preparação pode ser feita de modo lúdico, envolvendo saborosas cantorias, se for uma canção; divertidas brincadeiras, se for uma parlenda etc. Antes de solicitar a produção escrita, é importante certificar-se de que efetivamente memorizaram o texto escolhido.

d. Caso sua escolha seja o reconto de um texto conhecido, converse com os alunos sobre o tema da história a fim de sensibilizá-los para a escuta do reconto oral. Esse cuidado permitirá criar uma atmosfera propícia à recepção. Conte a história para que, quando realizar a leitura da versão escrita, os alunos tenham maiores recursos para inferir o sentido das palavras ou expressões de uso não tão frequente que possam ter sido empregadas pelo autor. Em seguida, leia o texto selecionado e explore oralmente seu conteúdo para que se familiarizem com o enredo. Solicite a alguns alunos que contem a história oralmente para que você esteja seguro de que se apropriaram da trama.

e. Quer sua opção seja a transcrição, quer o reconto, não se esqueça de que os alunos não devem ter acesso ao texto escrito em nenhum momento, assim você estará seguro de que o que escrevem corresponde de fato às suas hipóteses.

f. Finalmente, solicite que transcrevam ou recontem o texto selecionado.

Como interpretar os desvios ortográficos cometidos pelos alunos?

Para que seja possível extrair informações dos textos produzidos pelos alunos a respeito do que sabem ou precisam aprender sobre ortografia, os indicadores de avaliação não podem apenas permitir a identificação da categoria geral que expressa a natureza do erro (interferência da fala, regularidades contextuais, oposição surda/sonora, representação de sílabas não canônicas, irregularidades, segmentação, acentuação gráfica). Sem um detalhamento pormenorizado dos possíveis desvios que se enquadram em cada uma dessas categorias, não há como o professor descrever com objetividade o que cada um de seus alunos sabe. Sem dados objetivos a respeito dos conhecimentos prévios dos alunos, não há como o professor intervir de modo eficiente.

A organização de uma tipologia de erros com indicadores precisos permite identificar, nas colunas, o que cada estudante precisa aprender; e, nas linhas, mapear a situação da classe em relação a um tópico específico. Essa organização simplifica a realização do diagnóstico e o planejamento do trabalho.

A tipologia de erros deste livro tem como referência outras tipologias desenvolvidas por Alvarenga (1995), Cagliari (1989, 1998), Carraher (1985), Lemle (1995), Morais (1998)[43]. Veja o quadro 15:

---
[43] Recomenda-se a leitura desses trabalhos.

Diagnóstico ortográfico										
Indicadores para a avaliação	**Alunos**									
Interferência da fala	01	02	03	04	05	06	07	08	09	...
Troca de -E > -I										
Troca de -O > -U										
Troca de M > I ou U-; N > I ou U em final de sílaba										
Troca de -L > -U (semivocalização em final de sílaba ou de palavra)										
Troca de L/LH										
Troca de -AM > -ÃO										
Redução de proparoxítona										
Redução de gerúndio -NDO > -NO										
Redução de ditongo nasal e desnasalização -AM > -O; -EM > -E										
Redução de ditongo AI > -A; EI > -E; OU > -O										
Omissão de -S em final de palavra										
Omissão de -R em final de palavra										
Ditongação em sílabas travadas por /s/) (acréscimo de -I-)										
Acréscimo de -I- em sílaba travada (terminada em consoante)										
Regularidades contextuais	01	02	03	04	05	06	07	08	09	...
C/Ç										
C/QU										
G/GU/J										
Omissão de marca de nasalidade (til, M ou N)										

Diagnóstico ortográfico										
Indicadores para a avaliação	**Alunos**									
Acréscimo de marca de nasalidade (til, M ou N)										
M/N (índice de nasalidade)										
R/RR										
S/SS										
Irregularidades (desconhecimento da origem etimológica)	01	02	03	04	05	06	07	08	09	...
-E- > -I- no radical										
-O- > -U- no radical										
C/Ç/S/SS/SC/XC em contextos arbitrários										
CH/X em contextos arbitrários										
C/QU em contextos arbitrários										
G/J em contextos arbitrários										
L/U no radical										
S/Z/X em contextos arbitrários										
Omissão ou acréscimo de H inicial										
Desconsiderar o contexto semântico na seleção de palavras em que há relações fonéticas e gráficas	01	02	03	04	05	06	07	08	09	...
Palavras homófonas-heterográficas										
Palavras parônimas										
Segmentação	01	02	03	04	05	06	07	08	09	...
Hipossegmentação										
Hipersegmentação										
Acentuação gráfica	01	02	03	04	05	06	07	08	09	...
Proparoxítonas										
Oxítonas e paroxítonas										

Diagnóstico ortográfico										
Indicadores para a avaliação	Alunos									
Monossílabos tônicos										
Nas vogais tônicas I e U de oxítonas e paroxítonas, antecedidas de uma vogal com a qual não formem ditongo e sem ser seguidas de NH										
Oposição surda/sonora (ou outras trocas)	01	02	03	04	05	06	07	08	09	...
P/B										
T/D										
F/V										
C-QU/G										
CH-X/G-J										
Trocas envolvendo posteriorização ou anteriorização										
Representação de sílabas não canônicas	01	02	03	04	05	06	07	08	09	...
Omissão da consoante líquida do ataque ou da consoante da coda										
Substituição da consoante líquida do ataque ou da consoante da coda										
Inversão da consoante líquida do ataque ou da consoante da coda										
Omissão do H que compõe dígrafos										
Translineação inadequada										

Quadro 15. Grade de indicadores de avaliação para o diagnóstico ortográfico.

Como realizar a avaliação?

Antes de registrar os dados na planilha, assinale, no próprio texto do aluno, as palavras em que houver erros. Esse procedimento facilitará a análise e posterior tabulação.

Para reconhecer o tipo de erro com rigor, pode ser útil começar identificando a operação realizada pelo aluno: houve omissão, acréscimo, substituição ou inversão de algum grafema? Essa informação será o ponto de partida para buscar uma interpretação para sua ocorrência, que pode surgir de informações obtidas a partir de critérios como os que relacionamos a seguir.

a. Classifique **o tipo de fonema** representado pelo grafema que foi empregado incorretamente: trata-se de uma vogal, uma semivogal ou uma consoante? Por exemplo, em 'venseu', houve a substituição de C por S, grafemas que, nesse contexto, competem para representar a consoante /s/; em 'trais', houve o acréscimo da semivogal /y/[44]; em 'disi', além da omissão do S que integra o dígrafo que representa a consoante /s/, houve a substituição de E por I para representar a vogal /e/.

b. Localize **a posição do grafema** empregado incorretamente na palavra: está no início, no fim ou em seu interior? Ainda em relação à posição, observe que grafemas vêm antes ou depois dele? Dados obtidos em resposta a essas questões podem ajudá-lo a decidir se o erro ocorreu em um contexto regular ou irregular, implicando, no segundo caso, desconhecimento da origem da palavra.

Por exemplo, em 'rrapida', houve o emprego RR para grafar /R/, porém, apesar do erro, seu autor

---

[44] Em palavras terminadas pelo fonema /s/, representado pelos grafemas S ou Z, como 'três', 'arroz', 'cartaz', em algumas variedades, é comum haver a ditongação da vogal que pode explicar desvios ortográficos como 'treis' (/e/ > /ey/), 'arroiz' (/o/ > /oy/), 'cartaiz' (/a/ > /ay/).

revela já ter ampliado seu repertório de possibilidades incluindo o dígrafo. Provavelmente, pode ter feito uma hipercorreção: R para /r/, como em *caroço*; RR para /R/, como em *rádio, carruagem*. Sabe-se que não se emprega RR em início de palavras, apenas em contexto intervocálico. Já em 'corida', verificamos que seu autor desconhece ou ainda não se apropriou dessa regularidade ao produzir textos.

Em 'assenando', a opção da criança revela que já conhece as restrições impostas pelo contexto: /s/, em posição intervocálica, nunca pode ser representado por apenas um S. O problema é que *acenando* é com C. Trata-se de um contexto irregular em que mais de um grafema disputa a representação do fonema. Saber que *acenar* se escreve com C e não com SS depende, como vimos, do conhecimento da origem da palavra: do latim *accināre*. Como essa informação não está disponível à esmagadora maioria dos usuários da língua, a única opção é memorizar.

c. Desloque sua atenção para **o tipo de sílaba** em que ocorreu o desvio. É uma sílaba canônica, isto é, formada por uma consoante e uma vogal – CV? Ou é uma sílaba não canônica, isto é, constituída por outros padrões silábicos, como CVC, CCV etc.? As sílabas não canônicas são mais sujeitas à incidência de fenômenos de variação linguística, porque, na língua, há uma tendência a transformar em canônicos padrões silábicos diferentes de CV.

Trata-se de uma sílaba átona ou tônica? As sílabas átonas, diferentemente das tônicas, também são mais sujeitas à variação.

Respostas a essas questões tornam possível inferir se os desvios ocorreram por:

1. interferência da variedade linguística falada pelos alunos;

2. dificuldades para analisar a estrutura interna das sílabas complexas.

Por exemplo, as três primeiras sílabas da palavra *impressionada* apresentam estruturas não canônicas. A primeira sílaba é composta apenas por uma vogal nasal /ĩ/ que deve ser representada pelo dígrafo IM, já que a sílaba seguinte inicia-se com P. Na segunda sílaba, há o encontro consonantal PR e, na terceira, além do ditongo /yo/, há a consoante /s/ que deve ser grafada com o dígrafo SS. É possível imaginar o enorme esforço cognitivo que resultou na forma 'inprsionada', encontrada em um reconto da fábula "A tartaruga e a lebre", produzido por um aluno do primeiro ano do Ensino Fundamental.

Em 'lebri', verifica-se a substituição de E por I para representar a vogal /e/ que ocorre em uma sílaba átona. Em algumas variedades linguísticas, há redução do fonema /e/, quando a vogal integrar uma sílaba átona pretônica ou postônica, como em 'm**i**nino' e 'serpent**i**', respectivamente. A redução de /o/ por /u/ explica a ocorrência de 'd**u**rmindo'. Essa redução só acontece quando a vogal integra uma sílaba átona pretônica, como no exemplo, ou postônica, como em 'menin**u**'.

Em 'acitou', a discrepância no número de constituintes da sílaba CEI não parece encontrar correlação com o material fônico, já que é pouco provável que a criança fale assim. Como o nome da letra é *CÊ*, o acréscimo de I contorna o problema criado pela representação, na escrita, de uma sílaba que tem estrutura complexa, isto é, diferente de CV (consoante-vogal).

d. Em seguida, identifique **a classe gramatical** a que pertence a palavra em que se localiza o erro. Verifique se o desvio ocorreu no radical ou nas margens. Como vimos, se o erro tiver ocorrido nas margens, há grande possibilidade de envolver regularidades morfológicas (prefixos, sufixos, desinências escrevem-se sempre da mesma maneira). Uma generalização tão potente não é possível se o erro tiver ocorrido no radical. Nesse caso, ou se tem o conhecimento memorizado da forma ortográfica da palavra ou se consulta um dicionário, já que a única generalização possível se dá entre a forma primitiva e as derivadas.

Esse procedimento permite identificar erros por interferência da variedade linguística falada pelos alunos em contextos que apresentem ou não regularidade morfológica, como erros em contextos irregulares por desconhecimento da origem da palavra. Por exemplo, em 'dezapareceu', forma do verbo *desaparecer*, a substituição de S por Z ocorreu na margem esquerda, envolvendo o prefixo **des-**, que pode exprimir separação, afastamento, como em ***des**cascar*, que significa fazer algo perder a casca ou qualquer outro revestimento; ou ainda privação, como em ***desabrigado***, sem abrigo, exposto às intempéries. A dificuldade surge quando o prefixo for agregado a palavras começadas por vogal ou por H: des+**e**mbolsar, des+**h**armonia. Como vimos, em contexto intervocálico, S ou Z competem para representar o fonema /z/. Saber que o prefixo DES- sempre será grafado com S ajuda a escrever *desapareceu* e todas as outras palavras em que o prefixo ocorrer.

Já em 'a tartaruga chego na frente', houve, na margem direita, a omissão do U do ditongo /ow/[45].

---

[45] O ditongo /ow/, em praticamente todos os contextos, é reduzido a [o]. Essa redução pode provocar erros por interferência da fala.

Trata-se de uma forma verbal da 3ª pessoa do singular do pretérito perfeito do indicativo. A terminação -OU pode ser generalizada a todos os verbos regulares da primeira conjugação: *encontr**ou**, pesquis**ou**, viaj**ou*** etc.

Em 'a lebre estava d**u**rmindo', a substituição do O por U ocorreu no radical. A única generalização possível é saber que quase todas as formas do verbo *dormir* se escrevem com O, com exceção das formas do presente do subjuntivo e de algumas do imperativo afirmativo (a 3ª do singular e do plural: *durma, durmam*; a 1ª do plural: *durmamos*) que se escrevem com U. Além das palavras que integram a mesma família, como d**o**rmência, d**o**rminhoco, d**o**rmitar, d**o**rmitório etc.

e. Por fim, verifique se há alguma palavra que, mesmo sem desvios ortográficos, não se ajusta semanticamente ao contexto em que foi empregada, envolvendo, portanto, **palavras homófonas-heterográficas** ou **parônimas**.

Por exemplo, em 'Quando a lebre acordou ela saiu correndo **mais** já era tarde', trecho de um reconto da fábula "A tartaruga e a lebre" produzido por uma aluna do segundo ano do Ensino Fundamental, a palavra *mais* é empregada em uma oração que expressa uma restrição ao que foi dito na anterior. A aluna deveria ter selecionado, portanto, a conjunção *mas* e não o advérbio *mais,* que exprime intensidade. Repare que, como os dois vocábulos existem na língua, se o texto fosse escrito no computador, o desvio não seria sinalizado pelo corretor ortográfico.

Uma última recomendação: ao registrar os dados na planilha, sugerimos:

- compute apenas um erro, se uma palavra ocorrer várias vezes no texto;

- se houver palavras cognatas, isto é, que pertençam a uma mesma família com radical e significação comuns, e o erro ocorrer no radical, compute apenas uma vez; mas se o erro estiver nas margens, em prefixos, sufixos ou desinências, compute quantas ocorrências diferentes encontrar.

Análise de erros ortográficos encontrados em textos infantis

Thayna

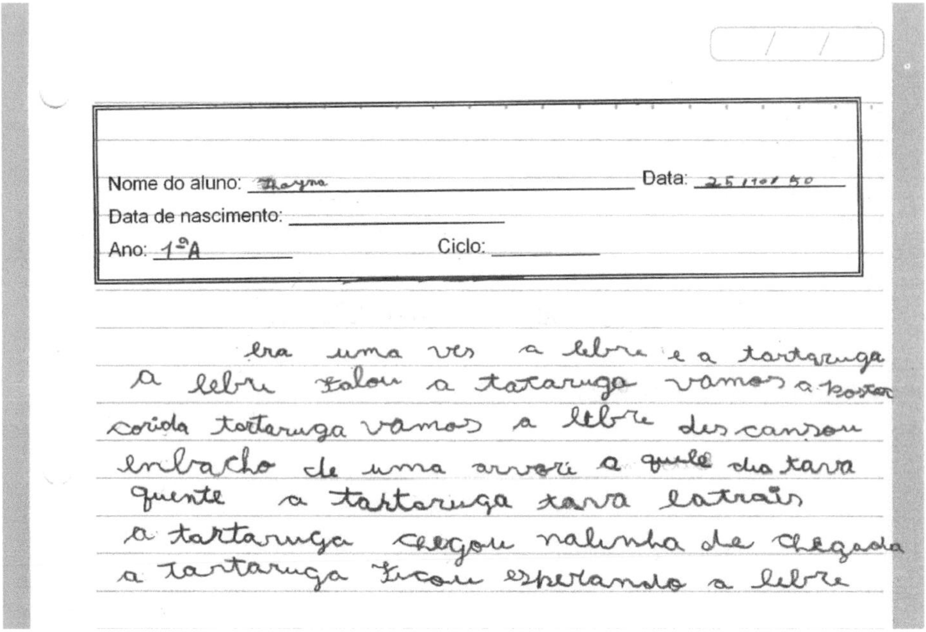

Figura 8. Reconto da fábula "A tartaruga e a lebre", produzido por Thayna, aluna da 1ª série (2º ano do Fundamental de 9).

Bastante esquemático, o reconto de Thayna omite algumas ações importantes para a compreensão da trama, como, por exemplo, o início da corrida e o desempenho das duas competidoras nessa fase. Na abertura, faz uso de *era uma vez* como uma espécie de chave para dar início à ficção e introduzir as duas personagens. Assinala com afastamento da margem o início do texto, mas não faz uso de pontuação para segmentar as frases nem para sinalizar o encaixe de sequências dialogais.

Como o propósito é o diagnóstico ortográfico, vamos à análise dos desvios encontrados.

era uma [1.]ves a lebre e a tartaruga a lebre Falou a [2.]tataruga vamos [3.]a postar [4.]corida tartaruga vamos a lebre descansou [5.]enbacho de uma [6.]arvori [7.]a quele dia [8.] tava quente a tartaruga tava [9.]latrais a tartaruga chegou [10.]nalinha de chegada a tartaruga Ficou esperando a lebre	[1.] ***origem etimológica***: troca de Z/S em contexto arbitrário; [2.] O fato de haver omissão do R na primeira sílaba em uma única das seis ocorrências da palavra sugere um deslize. Thayna revela bom domínio das sílabas não canônicas; [3.] ***segmentação***: hipersegmentação; [4.] ***regularidade contextual***: troca de RR/R; [5.] ***regularidade contextual***: troca de M/N; ***interferência da fala***: redução de ditongo AI > A; ***regularidade contextual***: troca de X/CH após ditongo; [6.] ***acentuação gráfica***: omissão de acento em proparoxítona; ***interferência da fala***: troca de E/I (grafou corretamente em leb*re*, aqu*ele* e qu*ente*); [7.] ***segmentação***: hipersegmentação; [8.] ***interferência da fala***: redução de formas do verbo estar[46]; [9.] ***segmentação***: hipossegmentação; ***acentuação gráfica***: omissão de acento em oxítona terminada por -a(s); ***interferência da fala***: ditongação em sílaba travada por /s/ (acréscimo de -i-); [10.] ***segmentação***: hipossegmentação.

---

[46] No português do Brasil, o verbo *estar* sofre um processo de gramaticalização, isto é, está mudando de categoria de verbo semanticamente pleno para a categoria de verbo funcional: auxiliar ou copulativo (verbos que ligam o sujeito ao predicativo). A teoria da gramaticalização prevê que, ao ser usado funcionalmente, o verbo pode perder massa fônica, sofrer redução em alguns contextos: [es]tá, [es]tava. A forma reduzida do verbo *estar* já é inclusive encontrada em textos escritos, como no estribilho da canção de Tetê Espíndola "Escrito nas estrelas": – "Meu amor, nosso amor / Estava escrito nas estrelas / Tava, sim". Erro?

Classificar os erros em tipos permite ao professor não se impressionar tanto com a quantidade, mas identificar com maior clareza o que a estudante precisa aprender. No caso de Thayna, o que se escreve junto ou separado parece ser o principal desafio a ser enfrentado.

Laís

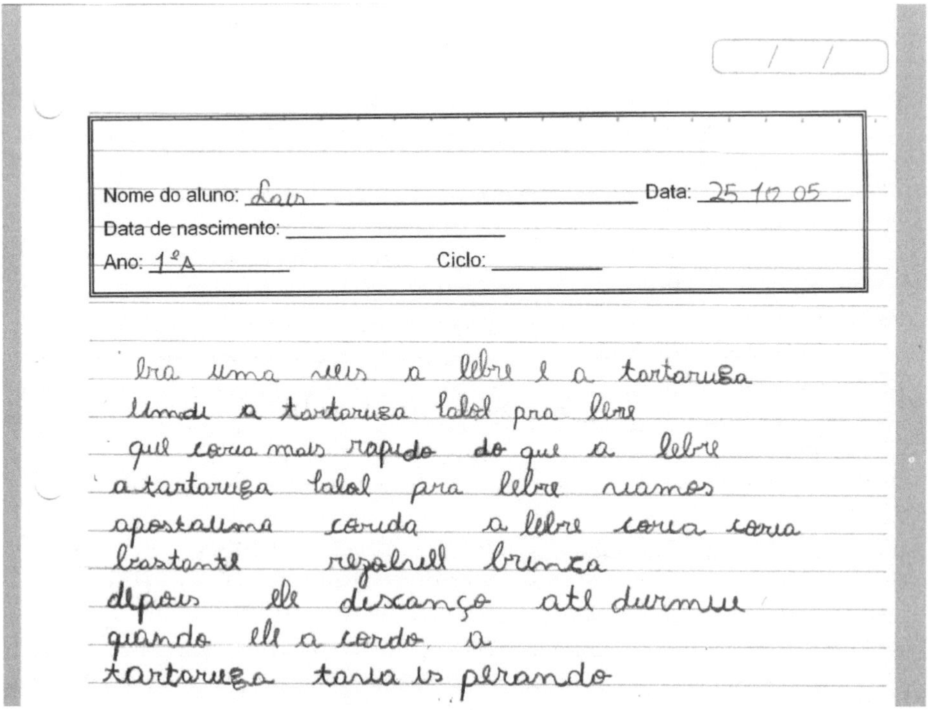

> Nome do aluno: Laís   Data: 25 10 05
> Data de nascimento:
> Ano: 1ºA   Ciclo:
>
> era uma vez a lebre e a tartaruga
> umdi a tartaruga falol pra lebre
> que coria mais rapido do que a lebre
> a tartaruga falol pra lebre vamos
> apostakuma corida a lebre coria coria
> bastante rezabvell brinca
> depois ele discanço ate durmiu
> quando ele acordo a
> tartaruga taria is perando

Figura 9. Reconto da fábula "A tartaruga e a lebre", produzido por Laís, aluna da 1ª série (2º ano do Fundamental de 9).

Como Thayna, Laís, na abertura, faz uso de *era uma vez* como chave para abrir a ficção e introduzir as personagens. Não há omissões importantes de ações que comprometam a narrativa. Escreve em bloco, sem segmentar as frases ou indicar a troca de interlocutores nas sequências dialogais que insere no reconto.

Já faz uso de conectores de comparação (*mais... do que*) e de marcadores temporais (*depois, quando ela acordou*). Diversifica a retomada das personagens: usa elipse e pronomes, embora o faça de modo inadequado, pois retoma com uma forma masculina (*ele*) um referente feminino (*a lebre*). Do ponto de vista estilístico, faz uso da repetição para sugerir a distância percorrida (*corria, corria*).

São estes os desvios ortográficos encontrados no texto:

era uma ¹·veis a lebre e a tartaruga ²·umdi a tartaruga ³·falol pra ⁴·levre que ⁵·coria mais ⁶·rapido do que a lebre a tartaruga falol pra lebre vamos ⁷·apostauma corida a lebre coria coria bastante ⁸·rezolvel ⁹·brinca depois ele ¹⁰·descanço ¹¹·ate ¹²·durmiu quando ele ¹³·a cordo a tartaruga tava ¹⁴·is perando	¹· ***interferência da fala***: ditongação em sílaba travada por /s/ (acréscimo de -i-); ***origem etimológica***: troca de Z/S; ²· ***segmentação***: hipossegmentação; omissão do "a" de "dia" provavelmente por contaminação do artigo feminino "a" que aparece em seguida; ³· ***hipercorreção***: troca de U/L em contexto que envolve regularidade morfológica; ⁴· troca de B/V, deslize, provavelmente, em função do traçado da letra cursiva já que há mais quatro ocorrências corretas da palavra; ⁵· ***regularidade contextual***: troca de RR/R; ⁶· ***acentuação gráfica***: omissão de acento em proparoxítona; ⁷· ***segmentação***: hipossegmentação; ***interferência da fala***: omissão do -R em contexto que envolve regularidade morfológica; ⁸· ***origem etimológica***: troca de S/Z em contexto irregular; ***hipercorreção***: troca de U/L em contexto que envolve regularidade morfológica; ⁹· ***interferência da fala***: omissão do -R; ¹⁰· ***origem etimológica***: troca de S/Ç em contexto irregular; ***transcrição da fala***: redução de ditongo -OU > O em contexto envolvendo regularidade morfológica; ¹¹· ***acentuação gráfica***: omissão de acento agudo em oxítona terminada em -E; ¹²· ***interferência da fala***: troca de O > U em contexto irregular; ¹³· ***segmentação***: hipersegmentação; ***interferência da fala***: redução de ditongo -OU > O em contexto envolvendo regularidade morfológica; ¹⁴· ***segmentação***: hipersegmentação; ***interferência da fala***: troca de E/I em contexto irregular.

Compreender que se fala de um jeito e se escreve de outro ainda se configura como um desafio para Laís. Porém a hipercorreção 'falol' já sugere alguém preocupado com o assunto, pois esse erro nada tem a ver com a fala: nesse contexto, na variedade falada pela estudante, o L representa a semivogal /w/. Também ainda não está claro para ela quando se usa R ou RR, ou quando, apesar de não pronunciado, é necessário grafar o -R do infinitivo dos verbos (aposta[r], brinca[r]).

Marcela

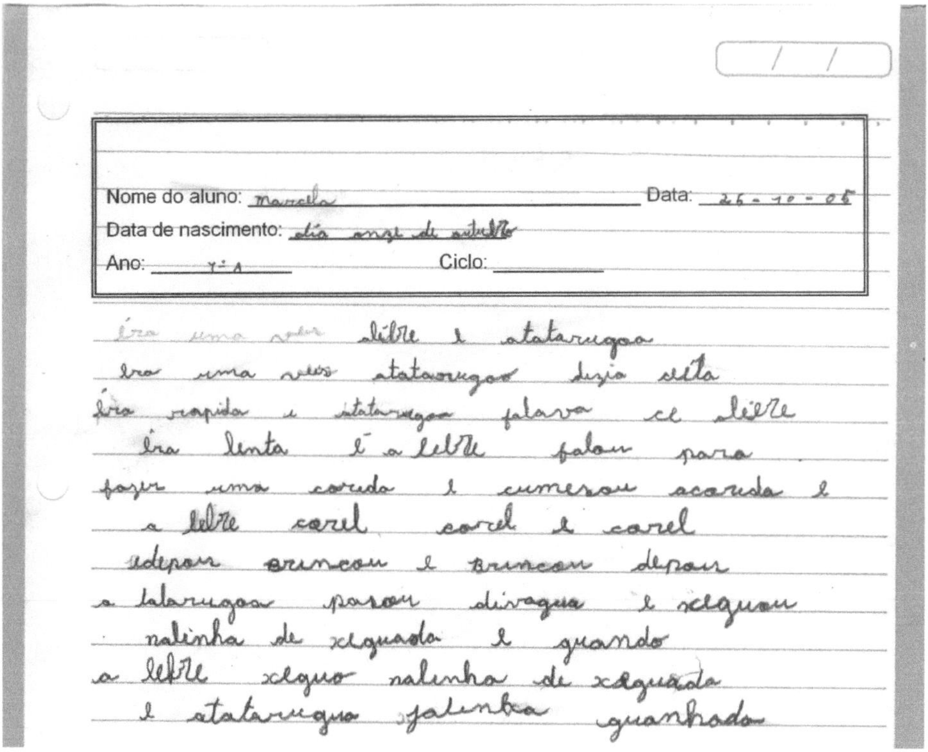

Figura 10. Reconto da fábula "A tartaruga e a lebre", produzido por Marcela, aluna da 1ª série (2º ano do Fundamental de 9).

Diferentemente das colegas, Marcela introduz título. Fica evidente sua decisão em relação a esse aspecto, pois há sinais do apagamento da abertura, que depois é transcrita na linha seguinte. Em relação à introdução, como suas colegas, também faz uso de *era uma vez* como chave para a ficção, introduzindo apenas a protagonista (*a tartaruga*).

Embora não faça uso de pontuação para segmentar as frases, revela preocupação com a segmentação em parágrafos, ainda que, em algumas ocorrências, o afastamento ocorra em fronteiras sintáticas entre os termos da oração (*a lebre § era*; *chegou § na linha*); em outras, porém, a segmentação coincide com marcadores temporais que articulam episódios (*e, depois*), sugerindo possível início de uma planificação da narrativa.

Do ponto de vista estilístico, faz uso da repetição para sugerir a distância percorrida (*correu, correu, correu*) e a duração da brincadeira (*brincou, brincou*).

São estes os desvios ortográficos encontrados:

1.alébre e 2.atatarugoa era uma 3.veis atatarugoa dizia 4.ceéla 5.éra 6.rapida e atatarugoa falava ce alébre éra lenta 7.é a lebre falou para	1. **segmentação**: hipossegmentação; **acentuação gráfica**: acréscimo indevido de acento gráfico; 2. **segmentação**: hipossegmentação; **representação de sílabas não canônicas**: omissão do R em posição de coda; **regularidade contextual**: de GU/G[47]; 3. **interferência da fala**: ditongação em sílaba travada por /s/ (acréscimo de -i-); **origem etimológica**: troca de Z/S em contexto irregular; 4. **segmentação**: hipossegmentação; **regularidade contextual**: de QU/C; **acentuação gráfica**: acréscimo indevido de acento gráfico; 5. **acentuação gráfica**: acréscimo indevido de acento gráfico; 6. **acentuação gráfica**: omissão de acento em proparoxítona; 7. **acentuação gráfica**: provável deslize já, que, no caso, trata-se da conjunção *e* representada por uma vogal fechada;

---

[47] É provável que -**GO**A, última sílaba de *tartaruga*, seja uma tentativa de construção do dígrafo GU que representa o fonema /g/. Essa solução, mantida nas quatro primeiras ocorrências da palavra, só se altera a partir de 'divagua', 'xeguou', 'guanhado', quando Marcela generaliza GU para representar /g/ em todos os contextos e não apenas quando seguido das vogais E ou I. Na última ocorrência de *tartaruga*, já se verifica GU e não mais GO. Provavelmente essa troca tenha ocorrido por hipercorreção, pois, em posição átona, fala-se [u], mas escreve-se O, como em *quand**o***.

fazer uma ⁸·corida e ⁹·cumesou ¹⁰·acorida e a lebre ¹¹·corel corel e corel ¹²·edepois Brincou e Brincou depois a tartarugoa ¹³·pasou ¹⁴·divagua e ¹⁵·xeguou ¹⁶·nalinha de xeguada e quando a lebre ¹⁷·xeguo nalinha de xeguada e atatarugua ¹⁸·jatinha ¹⁹·guanhado	⁸· **regularidade contextual**: troca de RR/R; ⁹· **interferência da fala**: troca de -O > U em contexto irregular; **regularidade contextual**: de SS/S⁴⁸; ¹⁰· **segmentação**: hipossegmentação; ¹¹· **hipercorreção**: troca de U/L em contexto que envolve regularidade morfológica; ¹²· **segmentação**: hipossegmentação; ¹³· **regularidade contextual**: troca de SS/S; ¹⁴· **interferência da fala**: troca de -E > I em contexto irregular; **regularidade contextual**: troca de G/GU⁴⁹; **interferência da fala**: omissão de -R em contexto que envolve regularidade morfológica; ¹⁵· **origem etimológica**: troca de CH/X em contexto irregular; **regularidade contextual**: troca de G/GU; ¹⁶· **segmentação**: hipossegmentação; ¹⁷· **interferência da fala**: redução de ditongo OU > O em contexto com regularidade morfológica; ¹⁸· **segmentação**: hipossegmentação; **acentuação gráfica**: omissão de acento agudo em monossílabo tônico terminado em -A; ¹⁹· **regularidade contextual**: troca de G/GU.

Marcela tem muitas dificuldades para compreender o valor posicional de alguns grafemas: C pode representar /k/, mas não quando a vogal seguinte for E ou I; o dígrafo GU pode representar /g/ apenas quando a vogal seguinte for E ou I. Explorar essa simetria contextual dos dois grafemas pode ajudá-la a reduzir o número de erros.

Em relação à segmentação, os problemas que apresenta revelam sua dificuldade em compreender o funcionamento das palavras com função gramatical, como os artigos ('**a**lebre'), as contrações de preposições com artigos ('**na**linha'), as conjunções

---

[48] Embora "começar" seja com Ç, ao grafar com apenas um S, Marcela revelou não saber que, em contextos intervocálicos, é necessário empregar o dígrafo para representar o fonema /s/. Se tivesse grafado 'comessou', o erro seria por desconhecimento da origem etimológica, já que, nesse contexto, Ç/SS competem para representar /s/.

[49] Marcela revela ter aprendido que o dígrafo GU representa o fonema /g/. Entretanto faz uma hipercorreção: usa o dígrafo em todos os contextos e não apenas quando for seguido das vogais E ou I. Isso explica a ocorrência de 'divagua', 'xeguou', 'guanhado'.

('**e**depois'), os advérbios ('jatinha'). Como boa parte dessas palavras gramaticais são formadas por monossílabos átonos, na fala funcionam como uma sílaba a mais que se agrega ao termo à sua direita.

Leonardo

> É sem parar nem um segundo
> sempre na mesma velosidade a tartaruga
> utrapasou a lebre e ganhou a corida.
> Quando a lebre acordou a tartariga
> jo estava falando:
>
> — Quem corre cansa e não alcansa!!

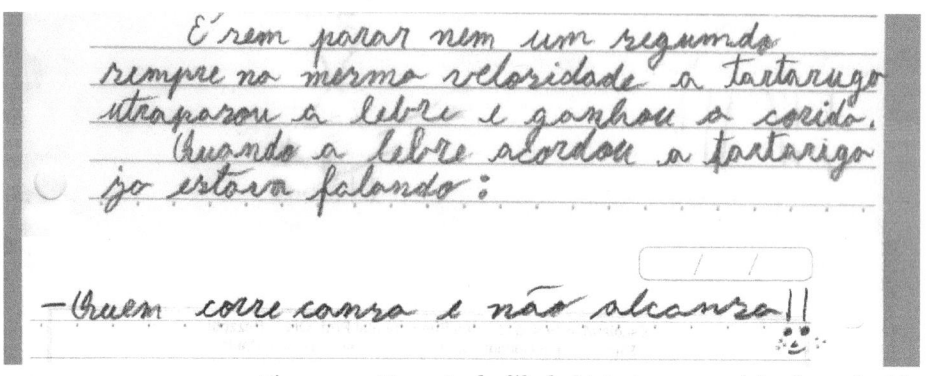

Figura 11 – Reconto da fábula "A tartaruga e a lebre", produzido por Leonardo, aluno da 4ª série (5º ano do Fundamental de 9).

Embora a abertura da fábula seja similar à produzida pelos colegas dos anos iniciais do ciclo I, Leonardo tempera seu reconto com algumas pitadas de autoria: introduz um complemento ao título, fazendo referência ao evento principal da trama, além de expressar o ponto de vista do narrador.

Na trama, insere torcidas "organizadas": a turma do casco nas costas e a da peruca laranja, que, certamente, devia torcer para a lebre e não para a raposa, cujo papel era ser juiz da competição. A paragrafação expressa planificação dos eventos narrados, como também o encaixe eficiente de uma única passagem de discurso direto, incorporando a moral ao enredo: "Quem corre cansa e não alcança!!" É interessante ressaltar que a frase selecionada não é a do texto-fonte lido para os estudantes, cuja moral era "Devagar e sempre se chega na frente". Em linhas gerais, também a pontuação revela cuidado com a organização dos enunciados.

Vejamos os problemas ortográficos presentes no reconto:

A lebre e a tartaruga (A corrida maluca) Era uma vez uma lebre e uma tartaruga. A lebre ficava tirando sarro da tartaruga. 1.Ai um 2.serto dia a tartaruga desafiou a lebre para uma corrida. E, a lebre aceitou. Os dois convidaram a raposa para ser juiz da corrida. A raposa jogou uma bombinha no chão, e 3.comesarão a correr, quem estava 4.torsendo para tartaruga estava com um casco nas costas, e quem estava torsendo para a raposa estava com uma peruca laranja. A lebre estava tão na frente que deitou entre uma placa e uma 5.arvore e tirou uma 6.someca. 7.É sem parar nem um 8.segumdo sempre na mesma 9.velosidade a tartaruga 10.utrapasou a lebre e ganhou a 11.corrida. Quando a lebre acordou a 12.tartariga 13.ja estava falando: – Quem corre cansa e não 14.alcansa!!	1. ***acentuação gráfica***: omissão de acento agudo no I tônico em palavra oxítona, antecedido de uma vogal com a qual não forma ditongo e sem ser seguido de NH; 2. ***origem etimológica***: C/S em contexto arbitrário, envolvendo palavra de alta frequência; 3. ***regularidade contextual***: troca de S/SS em contexto intervocálico[50]; ***interferência da fala***: troca de -RAM > -RÃO em contexto que envolve regularidade morfológica; 4. ***origem etimológica***: C/S em contexto arbitrário, envolvendo palavra de alta frequência; 5. ***acentuação gráfica***: omissão de acento agudo em proparoxítona; 6. a troca de N > M sugere desconhecimento da palavra ou mero deslize; 7. ***acentuação gráfica***: acréscimo de acento agudo em monossílabo átono. Provável deslize, em nove ocorrências da conjunção, *e* apenas uma foi acentuada indevidamente; 8. ***regularidade contextual***: troca de N/M (única ocorrência, emprego correto em *tirando*, *convidaram*, *bombinha*, *entre*, *sempre*; 9. ***regularidade contextual***: troca de S/SS em contexto intervocálico[51]; 10. ***interferência da fala***: omissão do L que é assimilado ao U; ***regularidade contextual***: troca de S/SS em contexto intervocálico; 11. ***regularidade contextual***: troca de RR/R em contexto intervocálico; 12. Provável deslize, em seis ocorrências da palavra em apenas uma houve a troca de E > I; 13. ***acentuação gráfica***: omissão de acento agudo em monossílabo tônico terminado em -A; 14. ***origem etimológi**ca*: Ç/S em contexto arbitrário, envolvendo palavra de alta frequência.

---

[50] Como Marcela, Leonardo revelou não saber que, em contextos intervocálicos, é necessário empregar SS para representar o fonema /s/. Se tivesse grafado 'comessaram', o erro seria classificado como desconhecimento da origem etimológica, já que, nesse contexto, Ç/SS competem para representar /s/.

[51] Como em 'comesarão', na palavra 'velosidade', Leonardo reiterou sua dificuldade em empregar S ou SS em contextos intervocálicos. Se tivesse grafado 'velossidade', o erro seria por desconhecimento da origem etimológica, já que, nesse contexto, C/SS competem para representar /s/.

Leonardo apresenta ainda problemas com as regularidades contextuais, principalmente em relação ao uso de S/SS. No emprego do R/RR parece ter havido apenas um descuido, já que, nas primeiras três ocorrências, as palavras estão grafadas corretamente. É interessante notar como, na parte final do texto, são encontrados mais desvios. Parece que a fadiga reduz a atenção necessária para monitorar a grafia correta das palavras durante a produção. Os demais problemas apresentados envolvem contextos arbitrários e são os esperados para o ano escolar.

Alessandra

[Manuscrito do aluno:]

Nome do aluno: Alessandra   Data: 07/11/005
Data de nascimento: _____
Ano: 4°C   Ciclo: I

A lebre e a tartaruga

A tartaruga encontrando-se com a lebre faz uma proposta:
— Lebre quer apostar uma corrida até o outro lado do campo.
— A lebre achou que era brincadeira mas mesmo assim, a lebre aceitou.
Vamos e convidaram a raposa para ser o júis da competição a raposa aceita. No dia seguinte, iniciam a competição.
E a raposa fala:
— Já a lebre vai bem na frente da tartaruga e a tartaruga lá trás com seus passos vagarosos.

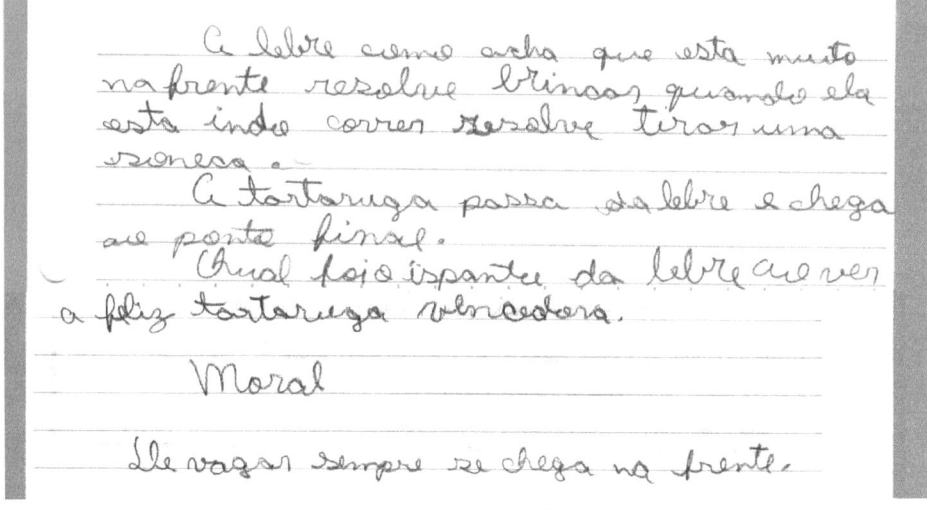

Figura 12. Reconto da fábula "A tartaruga e a lebre", produzido por Alessandra, aluna da 4ª série (5º ano do Fundamental de 9).

Alessandra já faz uso de uma abertura mais recorrente no gênero: introdução das personagens e proposição do conflito. No desfecho, o uso da palavra *moral* a que se segue o provérbio coroa seu domínio da organização composicional do gênero. Em relação à paragrafação, revela razoável controle, prejudicado apenas pela fragilidade ao operar as convenções que orientam a inserção de sequências dialogais, principalmente em relação ao emprego do travessão para marcar a troca de interlocutores.

Estilisticamente, é notável sua preocupação com a inversão da ordem das subordinadas nas frases complexas: *A tartaruga **encontrando-se com a lebre** faz uma proposta / A lebre **como acha que esta muito na frente** resolve brincar **quando ela esta indo correr** resolve tirar uma soneca*. Esse salto, que revela a preocupação da aluna com o emprego de recursos sintáticos mais próximos da escrita, pode explicar o afrouxamento em relação à pontuação, particularmente no emprego da vírgula para assinalar a inversão de orações.

Analisemos os desvios ortográficos que comete:

A lebre e a tartaruga	
A tartaruga encontrando-se com a lebre faz uma proposta: – Lebre quer apostar uma corrida até o outro lado do campo: – A lebre achou que era brincadeira mas mesmo assim a lebre aceitou. Vamos e convidaram a raposa para ser o ¹·juis da competição a raposa aceita. No dia seguinte, iniciam a competição. A raposa fala: – Já, a lebre vai bem na frente da tartaruga e a tartaruga lá ²·trás com seus passos vagarosos. A lebre como acha que ³·esta muito na frente resolve brincar quando ela esta indo correr resolve tirar uma soneca. A tartaruga passa da lebre e chega ao ponto final. Qual foi o ⁴·ispantu da lebre ao ver a feliz tartaruga vencedora. Moral ⁵·De vagar sempre se chega na frente.	¹· ***origem etimológica***: Z/S em contexto arbitrário, envolvendo palavra de alta frequência; ²· ***sílaba não canônica:*** omissão do A que compõe a sílaba inicial; ***acentuação gráfica***: troca de acento agudo por circunflexo em oxítona terminada por -A(S); ³· ***acentuação gráfica***: omissão de acento agudo em oxítona terminada em -A; ⁴· ***interferência da fala***: troca de -E > I em contexto irregular; troca de -O > U em contexto regular; ⁵· ***segmentação***: hipersegmentação.

Alessandra tem poucos problemas ortográficos. A grafia 'ispantu' para a palavra *espanto* não é muito compatível com o alto número de acertos encontrado no texto. Novamente, a ocorrência é registrada no desfecho da fábula, o que reitera o impacto da fadiga no monitoramento da correção ortográfica. A hipersegmentação do advérbio *devagar* configura um dos casos em que o corretor ortográfico seria de pouca valia, já que existe o verbo *vagar*.

Denilson

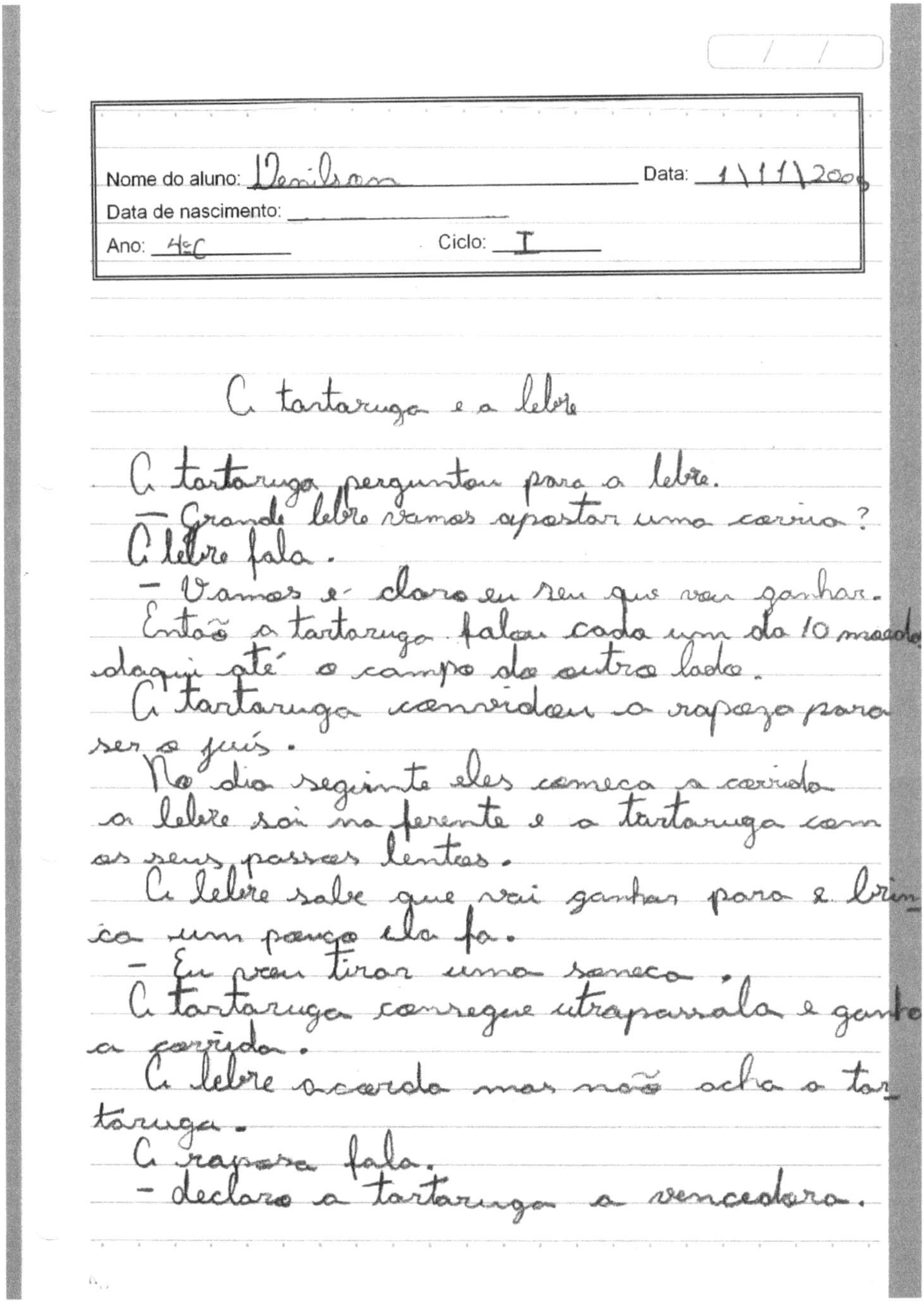

Nome do aluno: Denilson   Data: 1\11\200_
Data de nascimento: _____
Ano: 4°C   Ciclo: I

A tartaruga e a lebre

A tartaruga perguntou para a lebre.
— Grande lebre vamos apostar uma corrida?
A lebre fala.
— Vamos é claro eu sei que vou ganhar.
Então a tartaruga falou cada um dá 10 ma_do
daqui até o campo do outro lado.
A tartaruga conviudou o rapoza para
ser o juis.
No dia seguinte eles começa a corrida
a lebre sai na ferente e a tartaruga com
os seus passos lentos.
A lebre sabe que vai ganhar para e brin_
ca um pouço ela fa.
— Eu vou tirar uma soneca.
A tartaruga consegue utrapassala e ganto
a corrida.
A lebre acorda mas não acha a tar_
taruga.
A rapoza fala.
— declaro a tartaruga a vencedora.

Figura 13. Reconto da fábula "A tartaruga e a lebre", produzido por Denilson, aluno da 4ª série (5º ano do Fundamental de 9).

Denilson faz uso de uma abertura compatível com o gênero: introduz as personagens e propõe o conflito com a fala da tartaruga sugerindo a corrida. O modo informal como a tartaruga se dirige à lebre – *grande lebre* – confere à personagem um tom galhofeiro que não fazia parte do texto-fonte, porém o aluno não consegue mantê-lo ao longo da narrativa.

Há outras manifestações de autoria: a narração da formalização da aposta (*cada um dá 10 moedas*) e da descrição do trajeto da corrida (*daqui até o campo do outro lado*); e o desfecho que, como a abertura, arremata com a fala da raposa, juíza da competição – *Declaro a tartaruga a vencedora.*

Embora pareça orientada pelas frases, a paragrafação sugere a planificação do texto. Há, porém, problemas com o emprego do ponto no lugar dos dois-pontos após verbos *dicendi* (*A tartaruga perguntou para a lebre. A lebre fala. A lebre sabe que vai ganhar, para e brinca um pouco ela fala.*)

Diferentemente dos colegas, Denilson não faz uso regular dos tempos verbais do mundo narrado, não empregando o pretérito perfeito para narrar a ação realizada pelas personagens (*A lebre fala. No dia seguinte eles começa a corrida. A lebre sabe que vai ganhar. A tartaruga consegue ultrapassá-la e ganha a corrida. A lebre acorda mas não acha a tartaruga. A raposa fala.*)

Em relação à ortografia, são estes os problemas encontrados:

A tartaruga e a lebre A tartaruga perguntou para a lebre. – Grande lebre vamos apostar uma ¹·corria? A lebre fala. – Vamos é claro eu ²·seu que vou ganhar. Então a tartaruga falou cada um ³·da 10 moedas daqui até o campo do outro lado. A tartaruga convidou a ⁴·rapoza para ser o ⁵·juís. No dia seguinte eles ⁶·começa a corrida a lebre sai na ⁷·ferente e a tartaruga com os seus passos lentos. A lebre sabe que vai ganhar para e brinca um pouco ela ⁸·fa. – Eu vou tirar uma soneca. A tartaruga consegue ⁹·utrapassala e ganha a corrida. A lebre acorda mas não acha a tartaruga. A raposa fala. – declaro a tartaruga a vencedora.	[1] ***omissão de consoante na sílaba final*** (não há no contexto nenhuma interferência da fala, o que sugere lapso.); [2] ***troca de vogal no ditongo*** (no contexto, não há nenhuma interferência da fala o que sugere lapso.); [3] ***acentuação gráfica***: omissão de acento agudo em monossílabo tônico terminado em -A; [4] ***origem etimológica***: S/Z em contexto arbitrário; [5] ***origem etimológica***: Z/S em contexto arbitrário; ***acentuação gráfica***: se a palavra fosse com S, o emprego do acento agudo estaria correto; [6] ***interferência da fala***: omissão da desinência -M em verbos da 3ª pessoa do plural; [7] ***representação de sílabas não canônicas***: acréscimo de E antes da 2ª consoante do encontro consonantal; [8] ***omissão da sílaba final*** (não há no contexto nenhuma interferência da fala, o que sugere lapso); [9] ***segmentação***: hipossegmentação, envolvendo o emprego de pronome átono em posição enclítica, ***acentuação gráfica***: omissão de acento agudo em forma verbal oxítona terminada em -A seguida do pronome -*la* em que houve assimilação e perda do -R.

Denilson, além dos erros esperados para o ano, comete alguns deslizes que merecem ser observados. Ocorrem com regularidade? O estudante é capaz de identificá-los em uma leitura posterior?

As observações a respeito dos erros ortográficos encontrados em cada uma das produções selecionadas tiveram o propósito de exemplificar a tipologia de erros adotada. Ao realizar o diagnóstico com seus alunos, a grade com os indicadores ortográficos permitirá, com economia de tempo, assinalar os desvios encontrados nos campos adequados.

Se, em vez de tabular os dados em papel, for possível converter a grade de indicadores em uma planilha do Excel, finalizada a tabulação, com alguns cliques é possível converter os dados em um gráfico geral por categoria, como o apresentado abaixo, ou gráfico de cada categoria com os indicadores que a descrevem.

No gráfico 1, a primeira coluna corresponde às ocorrências em relação à segmentação de palavras de turmas de 3º ano no diagnóstico realizado no início do ano letivo; a segunda mostra a expressiva redução de ocorrências desse tipo após a realização da sequência de atividades a respeito do assunto. Os gráficos permitem comunicar os resultados com muita clareza.

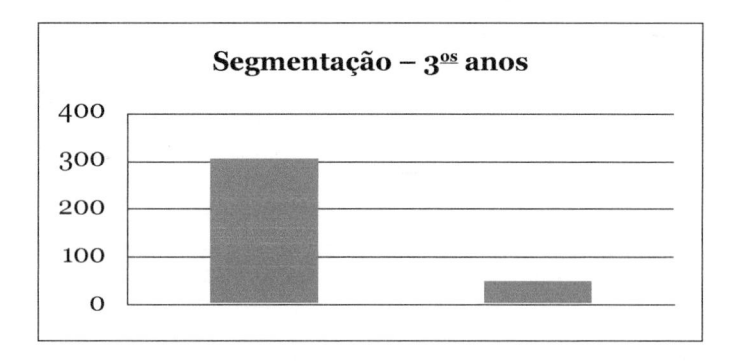

Gráfico 1. Confronto da avaliação diagnóstica realizada no início do ano com a realizada após a sequência de atividades.

Seleção do aspecto ortográfico a ser estudado

Concluído o diagnóstico, o professor tem como identificar quais são os conteúdos ortográficos que os alunos já dominam e quais aqueles que precisam aprender. Identifica também o que deverá ser objeto de trabalho coletivo, já que muitos alunos apresentam dificuldades em relação a ele; ou quais precisarão ser tratados em pequenos grupos ou até mesmo individualmente, já que são dificuldades que apenas alguns alunos apresentam.

Mas por onde começar? Que critérios adotar para ordenar a apresentação dos tópicos objeto de ensino?

Priorizar as regularidades contextuais e morfológicas

A descrição feita dos grafemas e dos diferentes fonemas que podem representá-los em determinados contextos aponta a existência de um grande número de regularidades. Escrever corretamente essas palavras não exige memória, exige apenas observação da posição do grafema na palavra e dos grafemas que vêm antes ou depois dele. Há ainda as regularidades morfológicas que podem funcionar como ferramentas para se evitar cometer erros, principalmente nas margens esquerda ou direita das palavras em que ocorrem os processos derivacionais ou flexionais.

Esse funcionamento regular, isto é, orientado por regras, deve ser o ponto de partida. Por serem generalizáveis, as regularidades contextuais e morfológicas permitem não apenas escrever corretamente uma palavra, mas todas as outras que pertençam ao mesmo paradigma.

O impacto dessa opção no ensino e aprendizagem de ortografia é extraordinário. Basta lembrar que, provavelmente, muitos de nós aprendemos ortografia escrevendo algumas vezes a palavra que havíamos grafado incorretamente. Sustentava atividades como essa a crença de que se aprendiam a escrever uma a uma as palavras. Haja memória!

Um ensino que prioriza as regularidades contextuais e morfológicas assegura eficiência ao processo de aprendizagem da ortografia que se expressa na redução significativa do número de erros.

Mas, e entre as regularidades, por quais começar?

Observar a frequência relativa dos grafemas em português

Além de priorizar o que é regular por seu potencial de generalização, outro aspecto a ser considerado na seleção dos conteúdos ortográficos é a frequência de uso dos grafemas em questão.

O gráfico 2, que mostra a frequência relativa dos grafemas em português, foi elaborado a partir de pesquisas desenvolvidas por Poersch[52]. Embora não tenha sido o ensino da ortografia o propósito desse estudo, os dados a respeito da frequência dos grafemas podem ser muito úteis no planejamento de situações didáticas que tenham como finalidade promover um ensino reflexivo de ortografia.

A ocorrência virtual de erros por desconhecimento dos valores que, por exemplo, os grafemas G e R podem representar não é a mesma. Como o R (6º colocado) é muito mais frequente do que o G (16º colocado), certamente encontraremos, nos textos dos alunos recém-alfabetizados, um número maior de palavras que apresentem desvios no emprego do R do que do G. A razão é simples: a probabilidade de escrever palavras com R em um texto é muito maior.

---

[52] O estudo desenvolvido por José Marcelino Poersch (1988), coordenador do Centro de Pesquisas Linguísticas da Pontifícia Universidade Católica de Porto Alegre/RS, teve a finalidade de propor mudanças no atual teclado QWERTY de microcomputadores e de outros equipamentos eletrônicos de escrever, com o propósito de reduzir o esforço e aumentar a rapidez da digitação considerando a frequência dos grafemas.

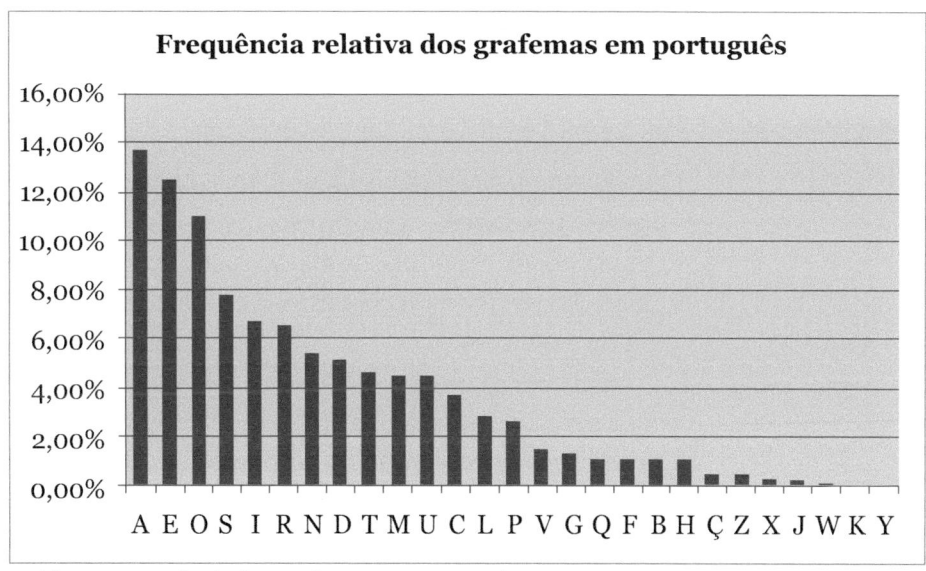

Frequência relativa dos grafemas em português

[Gráfico de barras mostrando frequências decrescentes dos grafemas: A E O S I R N D T M U C L P V G Q F B H Ç Z X J W K Y, variando de aproximadamente 14% (A) a próximo de 0% (Y).]

Gráfico 2. Frequência dos grafemas em português.

Aprendendo em que contextos empregar R ou RR, o estudante reduzirá de modo significativo o número de palavras erradas em seu texto. Isso porque, quanto maior a frequência de um grafema, tão logo os alunos aprenderem quais fonemas ele pode representar e passarem a fazer uso dessas regras ao produzir textos, maior será o número de palavras escritas sem desvios ortográficos.

A frequência pode tanto orientar a progressão de conteúdos ortográficos ao longo dos diferentes anos do Ensino Fundamental, como ainda nos diferentes períodos (bimestres ou trimestres) que organizam o calendário escolar em cada ano.

Observar a frequência relativa dos fonemas em português

O gráfico 3, que mostra o ranque dos fonemas da língua portuguesa falada no Brasil, foi construído como base nos dados coletados por Cagliari e sua equipe da Universidade Estadual de Campinas a partir de noticiários televisivos transmitidos em São Paulo e no Rio de Janeiro[53].

Conhecer qual a frequência dos fonemas na língua pode ser uma informação útil para selecionar qual tópico priorizar no estudo de contextos arbitrários em que mais de um grafema compete para representar um fonema. Por exemplo, se o diagnóstico apontar muitos erros evolvendo contextos irregulares em que o desconhecimento da origem etimológica resulta em trocas de CH/X na representação de /š/ e também de C/Ç/S/SS/SC/XC na representação de /s/, por qual assunto começar?

Uma consulta ao gráfico com a frequência relativa dos fonemas do português do Brasil oferece uma resposta inequívoca: o /š/ é o 32º colocado; o /s/, o 3º.

---

[53] CAGLIARI, In: GENOUVRIER; PEYTARD, 1985, p. 71.

Frequência relativa dos fonemas em português

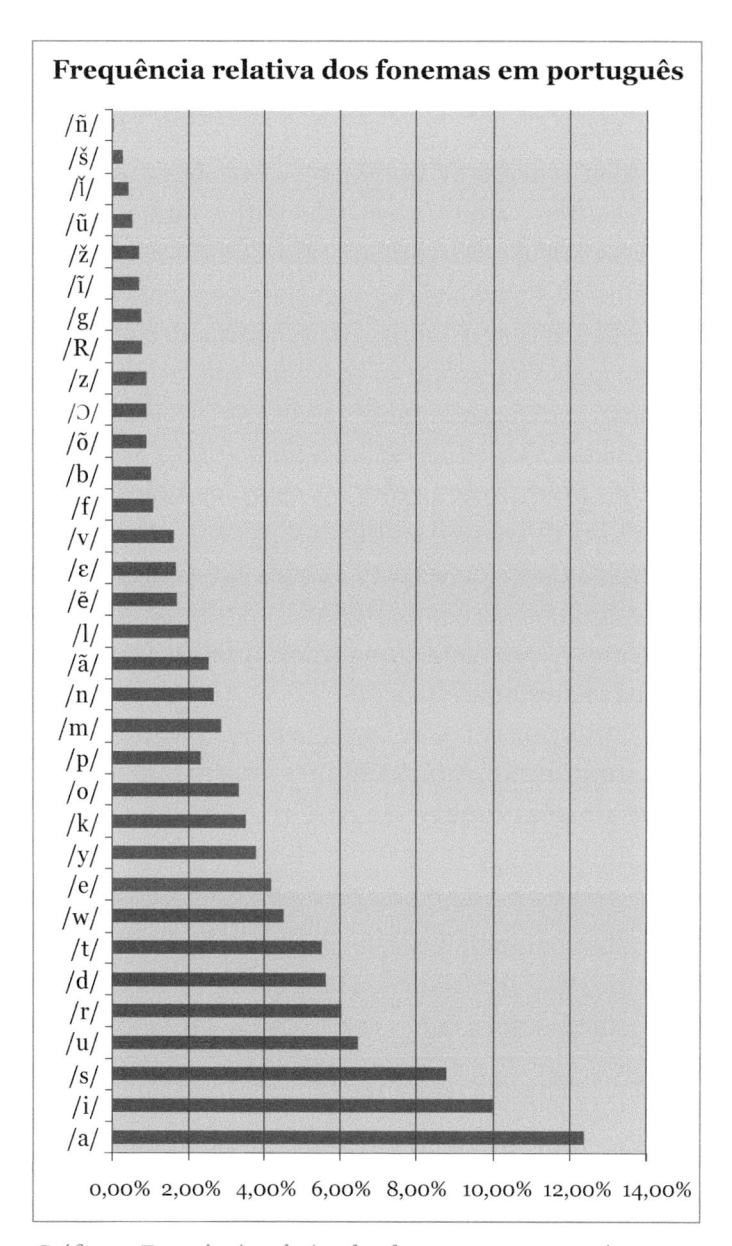

/ñ/
/š/
/ľ/
/ũ/
/ž/
/ĩ/
/g/
/R/
/z/
/ɔ/
/õ/
/b/
/f/
/v/
/ɛ/
/ẽ/
/l/
/ã/
/n/
/m/
/p/
/o/
/k/
/y/
/e/
/w/
/t/
/d/
/r/
/u/
/s/
/i/
/a/

0,00% 2,00% 4,00% 6,00% 8,00% 10,00% 12,00% 14,00%

Gráfico 3. Frequência relativa dos fonemas em português.

Observar a frequência dos morfemas em português

Podemos considerar frequentes os elementos mórficos que têm, em números absolutos, muitas ocorrências em palavras comparando-os a outros. Nesse sentido, os morfemas desinenciais responsáveis pelas flexões verbais e nominais (veja o quadro 9, p. 56) são os mais frequentes e, portanto, sugere-se que a descoberta de suas regularidades seja prioritária em relação aos morfemas derivacionais (prefixos e sufixos). Esses últimos, porém, são extremamente mais frequentes do que os radicais. Assim, seu estudo deve ser privilegiado em relação ao trabalho com as palavras cognatas que compartilham um mesmo radical.

Morais[54] considera como prioritárias as seguintes regularidades morfológicas:

Exemplos de regularidades morfossintáticas do português

Flexões verbais

- *O emprego de R nas formas verbais do infinitivo que tendemos a não pronunciar* (cantar, comer e dormir).

- *O emprego de U nas flexões verbais do passado perfeito do indicativo* (cantou, comeu e dormiu).

- *O emprego de ÃO nas flexões verbais do futuro do presente do indicativo* (cantarão, comerão e dormirão).

- *O emprego de AM nas flexões verbais do passado ou do presente pronunciadas /ãw/ átono* (sejam, cantam, cantavam, cantariam).

---

[54] MORAIS, 2007, p. 23-24.

- *O emprego de D nas flexões de gerúndio que, em muitas regiões, tende a não ser pronunciado (como em* cantando, comendo *e* dormindo*).*

- *Os empregos de SS nas flexões no imperfeito do subjuntivo (*cantasse, comesse, dormisse*).*

Palavras formadas por derivação lexical

- *O emprego de L em coletivos terminados em /aw/ e adjetivos terminados em /aw/, /ew/, /iw/ (como* milharal, colegial, possível, sutil*).*

- *O emprego de ÊS e ESA em adjetivos pátrios e relativos a títulos de nobreza (*português, portuguesa, marquês, marquesa*).*

- *O emprego de EZ em substantivos derivados como* rapidez *e* surdez.

- *O emprego de OSO em adjetivos como* gostoso *e* carinhoso.

- *O emprego de ICE no final de substantivos como* chatice *e* doidice.

Em relação aos prefixos e sufixos, as gramáticas normalmente costumam apresentar generosas listas, que podem ser muito úteis. Interessante também, para esse propósito, é o CD-ROM com o conteúdo do *Dicionário Houaiss da língua portuguesa*. Nele o usuário encontra o *Dicionário Houaiss de elementos mórficos*, em que pode buscar informações a respeito das noções semânticas que eles acrescentam ao radical, sua origem etimológica e, no caso dos sufixos, da classe de palavras (substantivos, adjetivos, verbos ou advérbios) pelas quais são responsáveis pela formação.

Observar a frequência das palavras da língua portuguesa

A possibilidade de criar uma base de dados textuais em forma digital permitiu que os linguistas pudessem conhecer quais palavras são as mais frequentes. Segundo pesquisa realizada por Biderman[55], 80% de qualquer texto em língua portuguesa é constituído pelas mil palavras mais recorrentes.

> *No português brasileiro contemporâneo, que palavras são estas?*
> *São elas: todas as palavras instrumentais, como artigos, pronomes, preposições, conjunções, advérbios, numerais, e algumas palavras lexicais ou plenas das classes substantivo, adjetivo e verbo. Eis um exemplário das palavras com frequência maior ou igual a 500, aquelas que integram o referido total de 1.078, ou seja, as palavras de altíssima frequência no português brasileiro:*
>
> **artigos:** *definidos: o, as, os, as [total: 383.116]; indefinidos: um, uma, uns, umas [total: 98.797];*
>
> **pronomes**: *ele, eles [total: 18.964], ela, elas [total: 9.666]; eu; você; nada, ninguém; que; qual, qualquer, tal, tudo; este(s), esses(s), esta(s), essas(s), meu(s), minha(s). etc;*
>
> **preposições**: *de [total: 180.228], em [total: 55.794], para [total: 50.848], por [total: 32.241];*
>
> **contrações de preposições**: *do(s), da(s), no(s), na(s); locuções prepositivas: acima de,*

---
[55] BIDERMAN, 1998, p. 167-168.

abaixo de, antes de, atrás de, depois de, embaixo de, em cima de, ao lado de, em vez de;

advérbios: agora, já, ainda, depois, depressa, cedo, hoje, ontem, muito, pouco, bastante, mais, quase, mal, nunca, sempre, não, logo, também, lá etc;

conjunções: e [total: 55.794], em, mas, como, que [total incluindo homônimos: 137.617];

locuções conjuncionais: depois que, logo que, para que etc.

3.2 Exemplos de palavras plenas:

substantivos: ação, água, amor, área, alma, arte, ato, banco, base, cabeça, cabelo, cano, cidade, coisa, começo, cor, domingo, dor, dúvida, economia, espírito, família, forma, história, hora, homem, mãe, maneira, mão, mês, mulher, pai, palavra, pessoa, qualidade, rapaz, realidade, rio, rua, sala, sangue, tempo, terra, uso, vez, vida, voz.

adjetivos: alto, baixo, bom, bonito, difícil, duro, fácil, geral, humano, largo, maior, mau, novo, primeiro, santo, são, social, velho.

verbo: acabar, bastar, começar, comer, dar, descer, dormir, entrar, estar, falar, fazer, ficar, ir, passar, poder, querer, receber, responder, saber, ser, ter, tirar, trazer, ver, vir, viver.[56]

---

[56] BIDERMAN, 1998, p. 167-168. Para selecionar com proficiência outras palavras frequentes, consulte: BIDERMAN, 2009. A pesquisadora, além de incluir as 3 mil palavras mais frequentes no léxico geral, selecionou aproximadamente outras 2 mil a partir de um *corpus* formado por livros didáticos do Ensino Fundamental.

A opção por concentrar-se na memorização das palavras mais frequentes pode ser explicada por razões pragmáticas. Sendo mais recorrentes, são mais facilmente reconhecidas. Um erro ortográfico em uma palavra rara e pouco frequente é percebido pelo leitor com maior benevolência do que um erro em palavras de alta frequência. Por exemplo, grafar com X *larachear* – dizer laracha(s) –, isto é, dizer dito(s) espirituoso(s), é admitido com bem menos reservas do que *começar* com SS.

Ciclos de ações para o ensino das regularidades ortográficas

descobrir a regularidade → sistematizar a regularidade → aplicar a regularidade em operações de produção de textos →

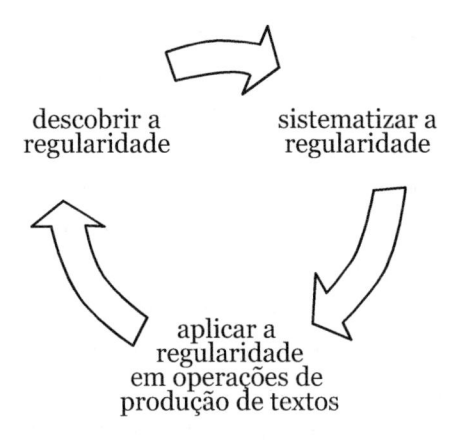

Figura 14. Ciclo de ações para o ensino das regularidades ortográficas.

O ensino reflexivo de ortografia sustenta-se em aprendizagem por descoberta sempre que o conteúdo selecionado orientar-se por uma regularidade. A observação, a ordenação e a classificação de palavras que contenham o grafema ou o morfema cuja regularidade se quer tornar observável permitem que os estudantes possam extrair conclusões e formular as regras que orientam seu uso.

Essa atividade torna-se mais eficiente quando realizada em duplas ou em pequenos grupos. A necessidade de argumentar para negociar com o colega a elaboração de categorias para analisar os dados ou para classificar cada item em relação às categorias criadas favorece o desenvolvimento de uma metalinguagem para descrever os fatos observados e, posteriormente, fazer uso dessas regularidades em práticas de linguagem que envolvam maior complexidade, como a produção de textos.

Ter conseguido verbalizar uma regra descritiva que explica o funcionamento de um grafema em variados contextos, ou de prefixos e sufixos na formação de palavras derivadas, ou ainda das desinências responsáveis pelos processos flexionais, não garante que o aluno resolva suas dificuldades em relação a esses conteúdos e não erre mais. Ele precisará de um período de exercitação para que possa assimilar as regras recém-descobertas.

Nessa etapa de sistematização, é importante que a criança seja estimulada a avaliar sua própria aprendizagem. Já conseguiu compreender o funcionamento do grafema, ou do prefixo e do sufixo, ou da desinência em estudo? Não comete mais erros em relação a esse assunto nas atividades propostas? Consegue formular suas dúvidas com clareza? Julga que a quantidade de atividades propostas foi suficiente para aprender o assunto ou ainda sente necessidade de mais exercícios?

A capacidade de avaliar o próprio percurso de aprendizagem é essencial ao ensino de ortografia, cuja finalidade é permitir que os alunos possam revisar autonomamente os textos que produzem. Ler para revisar é diferente de ler para atualizar-se, localizar uma informação ou entreter-se. Essa tarefa exige que os alunos sejam capazes de identificar suas fragilidades para que assumam um comportamento proativo, isto é, antecipem eventuais problemas para solucioná-los com a consulta ao dicionário, por exemplo.

Em relação às abordagens tradicionais, verifica-se aqui uma mudança importante: corrigir não é mais tarefa apenas do professor, é tarefa do aluno que aprende a escrever. Localizar as palavras em que há erros, analisar contextos regulares ou identificar contextos irregulares são habilidades que permitem antecipar os problemas ortográficos e contorná-los.

Porém, escrever corretamente todas as palavras de um exercício de sistematização não significa que, ao produzir textos ou ao revisá-los finalizada a produção, o estudante estará livre de cometer erros em relação a esse assunto. Produzir textos é um processo incomparavelmente mais complexo do que realizar um exercício de ortografia. Exige que o estudante desenvolva um projeto textual, saiba selecionar e desenvolver ideias de forma lógica, elabore sucessivas versões até que o texto responda às restrições impostas pelo gênero, segmente o texto em parágrafos, empregue os recursos coesivos para retomar as ideias e articular as frases, faça uso da pontuação e revise a gramática e a ortografia. Não é fácil controlar todos esses aspectos. Por essa razão, quem escreve profissionalmente conta com editores, preparadores de texto, leitores críticos, revisores e muitos outros profissionais que cooperam com a versão final que se publica. Por que então exigir que o aprendiz tenha que dominar todas essas operações sozinho?

Ao se deparar com um conteúdo ortográfico que se considerava superado porque os alunos já não erravam mais em exercícios de sistematização, muitos educadores cometem o equívoco de achar que esse problema será resolvido com uma nova bateria de exercícios que, provavelmente, os alunos não encontrarão dificuldades para fazer. Se um dos objetivos que perseguimos é o de que os alunos sejam capazes de revisar seus textos, não adianta lidar apenas com situações externas ao texto. É preciso ensiná-los a aplicar os conteúdos estudados em situações complexas, isto é, nas operações de produção de textos. É preciso considerá-las parte inerente do processo de assimilação das regularidades ortográficas. Enfim, também se ensina a revisar.

No diagnóstico, tal como proposto, os estudantes transcrevem um texto de memória ou recontam uma história conhecida, realizam, portanto, uma atividade complexa que permite ao professor observar o que sabem de ortografia a partir de sua atividade como escritores. Isolar o conteúdo ortográfico que precisam aprender e planejar sequências de atividades que lhes assegurem descobrir a regra e apropriarem-se dela em atividades de sistematização é um recurso para que possam, em seguida, empregá-la em contextos mais complexos.

O que se tira do texto para tornar-se objeto de análise precisa retornar a ele na forma de uma ajuda externa para a realização das operações de produção de textos. Assunto que aprofundaremos no item "Atividades de revisão de textos".

Atividades de descoberta e sistematização de regularidades contextuais

Para que as crianças descubram que fonemas um grafema pode representar em função das restrições impostas pelo contexto, isto é, em função da posição do grafema na palavra (inicial, interior e final) ou ainda em seu entorno (quais grafemas ocorrem antes ou depois do que se quer empregar), duas condições didáticas são imprescindíveis: a seleção por parte do professor de um *corpus* de palavras com o grafema focalizado e a realização da atividade em duplas ou em pequenos grupos.

Ao assumir a responsabilidade por compor o ***corpus* de palavras** (veja o quadro 16) que os estudantes vão analisar, o professor consegue garantir que encontrem exemplos dos diferentes contextos em que o grafema pode ocorrer, permitindo que a descrição resultante seja completa (veja o quadro 4, ao lado).

Ao promover **interações entre os alunos**, assegura que tenham a possibilidade de confrontar diferentes hipóteses, verbalizando-as aos outros e, ao confrontar-se com diferentes hipóteses, pela verbalização dos outros, cria as condições para que possam explicá-las, justificá-las, explicitando o que antes era intuitivo. A interação cria também as condições para que usem a linguagem para falar da própria linguagem, formulando regras explicativas ainda que sem a terminologia gramatical. Atividades como essa promovem o desenvolvimento de habilidades metacognitivas, isto é, a capacidade de regular e organizar os próprios processos cognitivos.

O desafio proposto deve ser encarado como uma atividade exploratória e, portanto, as tentativas de classificação dos estudantes devem ser estimuladas para que expliquem a lógica inerente ao funcionamento do grafema a partir de um *corpus* de palavras. O professor, ao percorrer os grupos e perceber impasses ou incoerências na classificação, pode formular perguntas que levem os estudantes a refletir e avançar na formulação de suas próprias explicações. Nessa etapa, o professor atua como mediador, fornecendo pistas, colaborando, mas não "corrigindo", a formulação das regras explicativas enquanto o grupo estiver analisando os dados.

Letra **R**			
Aleg**r**ia	Fi**r**me	Pavo**r**	**R**esumo
Ap**r**esentar	Flo**r**	Pet**r**óleo	**R**itmo
Be**rr**o	Fugi**r**	Pira**r**ucu	**R**ocha
B**r**isa	Hon**r**a	Pi**r**ata	**R**odovia
Carimbo	Ho**rr**or	Poma**r**	**R**ouco
Cé**r**ebro	Junta**r**	P**r**édio	**R**uim
Co**rr**eio	Largo	P**r**incesa	Se**rr**a
De**rr**ota	Milag**r**e	Propo**r**	So**rr**ir
De**rr**ubar	Mo**rr**o	**R**ainha	Sumi**r**
D**r**agão	Moto**r**	**R**aspar	Talhe**r**
En**r**iquecer	Ne**r**vo	**R**eceita	Tambo**r**
En**r**olar	Ob**r**igação	**R**echeio	Uni**r**
Ent**r**evista	Ordem	**R**edigir	Vampi**r**o
Esco**rr**egar	O**r**elha	**R**enda	Vib**r**ar
Fáb**r**ica	Pa**r**ada	**R**esposta	Zípe**r**

Quadro 16. Exemplo de *corpus* de palavras para o reconhecimento dos valores contextuais do grafema R.

Posteriormente, quando os trabalhos dos grupos estiverem concluídos, ao promover a discussão coletiva dos resultados obtidos, o professor formula perguntas para que explicitem os raciocínios implícitos nas explicações apresentadas e colabora para a criação de um consenso em torno de uma descrição coletiva mais próxima da convencional. A redação final da regra que não precisa conter a terminologia técnica pode ser registrada pelo professor em um cartaz e transcrita pelos alunos em seus cadernos. Manter o material exposto durante o estudo das regularidades contextuais de um grafema permite que as crianças possam recorrer a ele sempre que necessário, aprendendo a consultar fontes para esclarecer dúvidas ortográficas.

Pode ser, entretanto, que a descrição apresentada pelos estudantes não abarque a complexidade do assunto. Por exemplo, ao explicar o uso do R, os alunos constatam apenas que o grafema ocorre em todas as posições na palavra. Essa descrição é insuficiente para explicar quando se usa R ou RR. Ao propor a releitura da lista de palavras com o R em posição inicial e final, e, depois, a lista com o grafema no interior, o professor pode ajudar o grupo a perceber que só nesse subconjunto ocorre RR: nunca no início, nunca no final. O problema é que no interior das palavras, além de RR, também pode ocorre R. O professor, então, recoloca aos grupos a tarefa de encontrar uma resposta para este problema: como saber quando se usa R ou RR no interior das palavras? Em vez de lidar com o *corpus* completo, os grupos vão se debruçar agora sobre parte dele.

Pode ser ainda que os alunos, ao analisar as palavras em que o R está no interior da palavra, expliquem que, quando o R "é forte", usa-se o dígrafo RR; quando "é fraco", não. Essa explicação prescinde da análise do entorno, isto é, de que, para empregar RR, antes e depois, precisa haver uma vogal. Desconsiderar essa restrição poderia induzir à escrita de 'enrrolar': "o som que o R representa é forte". Em vez de elucidar o equívoco, o professor pode desafiar o grupo com uma nova pergunta: será mesmo que o R que ocorre no interior da palavra sempre representa "o som fraco"?

As **atividades de descoberta da regularidade** configuram-se como um pequeno projeto de pesquisa em que os estudantes submetem suas hipóteses à análise do *corpus* e, a partir dos dados, vão construindo modelos explicativos cada vez mais complexos. À medida que desenvolvem atividades cognitivas de reflexão metalinguística, ampliam suas capacidades de pensar a língua. Essa postura investigativa promove muito mais do que o emprego correto de um grafema. Desenvolve uma atitude reflexiva sobre a língua, concorrendo para a formação de sujeitos curiosos, investigativos.

Porém, sabemos que essas atividades, embora necessárias, não são suficientes para que todos aprendam. Às vezes, nos agrupamentos, nem todos os alunos compreendem a descrição proposta pelo parceiro mais avançado que assume o controle da atividade. Quase sempre, no coletivo, a interlocução com o professor é mantida apenas com alguns alunos mais experientes. É por essa razão que **atividades de sistematização** são necessárias. Elas asseguram que as descobertas possam ser assimiladas e que, durante sua realização, estudantes que não haviam compreendido as regularidades possam ter um *insight* e descobrir o contexto em jogo.

Nesse tipo de atividade, a tarefa do aprendiz é aplicar uma regra. Se houver análise do contexto, não há erro, porque os exercícios propostos não envolvem contextos arbitrários em que mais de um grafema concorre para representar um fonema.

Exemplos de atividades de sistematização das regularidades contextuais

1. Localizar e copiar palavras que exemplifiquem uma regularidade

A tarefa proposta às crianças é ampliar o *corpus* de palavras usado na atividade de descoberta das regularidades contextuais de um determinado grafema. Os novos exemplos podem ser selecionados à medida que se leem textos de diferentes áreas. Por exemplo, estudando sobre a fauna da região Norte, os alunos, após a leitura de um texto que descreve a preguiça, são convidados a localizar palavras com

L para ampliar sua coleção. São seis: *alto, longas, pele, ele, camufla* e *difícil*.

Analisando o contexto em que o grafema ocorre, decidem onde cada uma delas deve ser encaixada. As palavras podem ser copiadas no caderno ou em um cartaz afixado na sala de aula com o quadro em que descreveram as regularidades observadas no estudo da letra em questão (veja as figuras 15 e 16, adiante).

Durante a análise das palavras, o professor pode ampliar a reflexão e explicar que, às vezes, apenas o contexto da frase pode orientar a escrita correta. Qual é a diferença entre *alto* e *auto*? *Alto*, no texto lido, significa a parte superior da árvore; *auto* pode significar *automóvel, um tipo de representação dramática* etc.

AI, QUE PREGUIÇA!

"O bicho-preguiça, ou preguiça, vive no alto das árvores.

Possui 2 ou 3 dedos com garras longas para se agarrar nos troncos.

Por causa da cor da sua pele, ele se camufla no meio das árvores e é difícil de ser descoberto. Dorme umas 14 horas por dia e desce apenas uma vez por semana, para fazer suas necessidades."[57]

---

[57] SALERNO, 2012, p. 13.

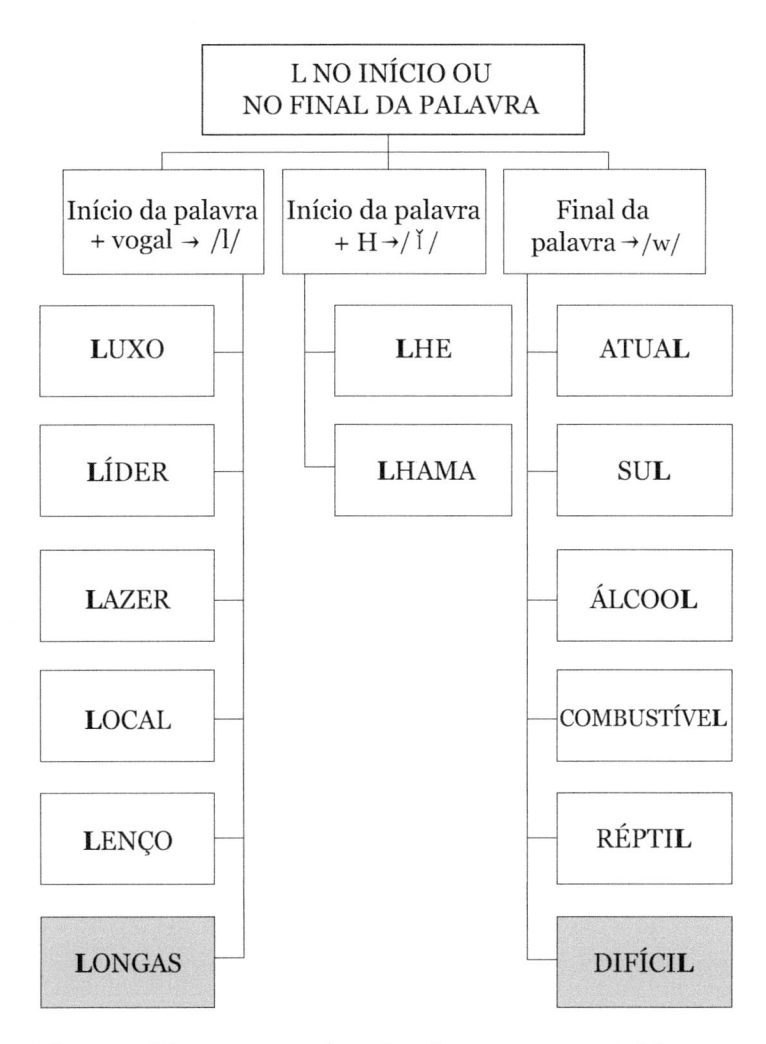

```
                    ┌─────────────────────┐
                    │   L NO INÍCIO OU    │
                    │ NO FINAL DA PALAVRA │
                    └─────────────────────┘
         ┌──────────────────┼──────────────────┐
┌──────────────────┐ ┌──────────────────┐ ┌──────────────────┐
│ Início da palavra│ │ Início da palavra│ │    Final da      │
│   + vogal → /l/  │ │    + H →/ʎ/      │ │  palavra →/w/    │
└──────────────────┘ └──────────────────┘ └──────────────────┘
```

- LUXO
- LÍDER
- LAZER
- LOCAL
- LENÇO
- **LONGAS**

- LHE
- LHAMA

- ATUAL
- SUL
- ÁLCOOL
- COMBUSTÍVEL
- RÉPTIL
- **DIFÍCIL**

Figura 15. Valores que o grafema L pode representar no início ou no final de palavras.

L NO INTERIOR DA PALAVRA

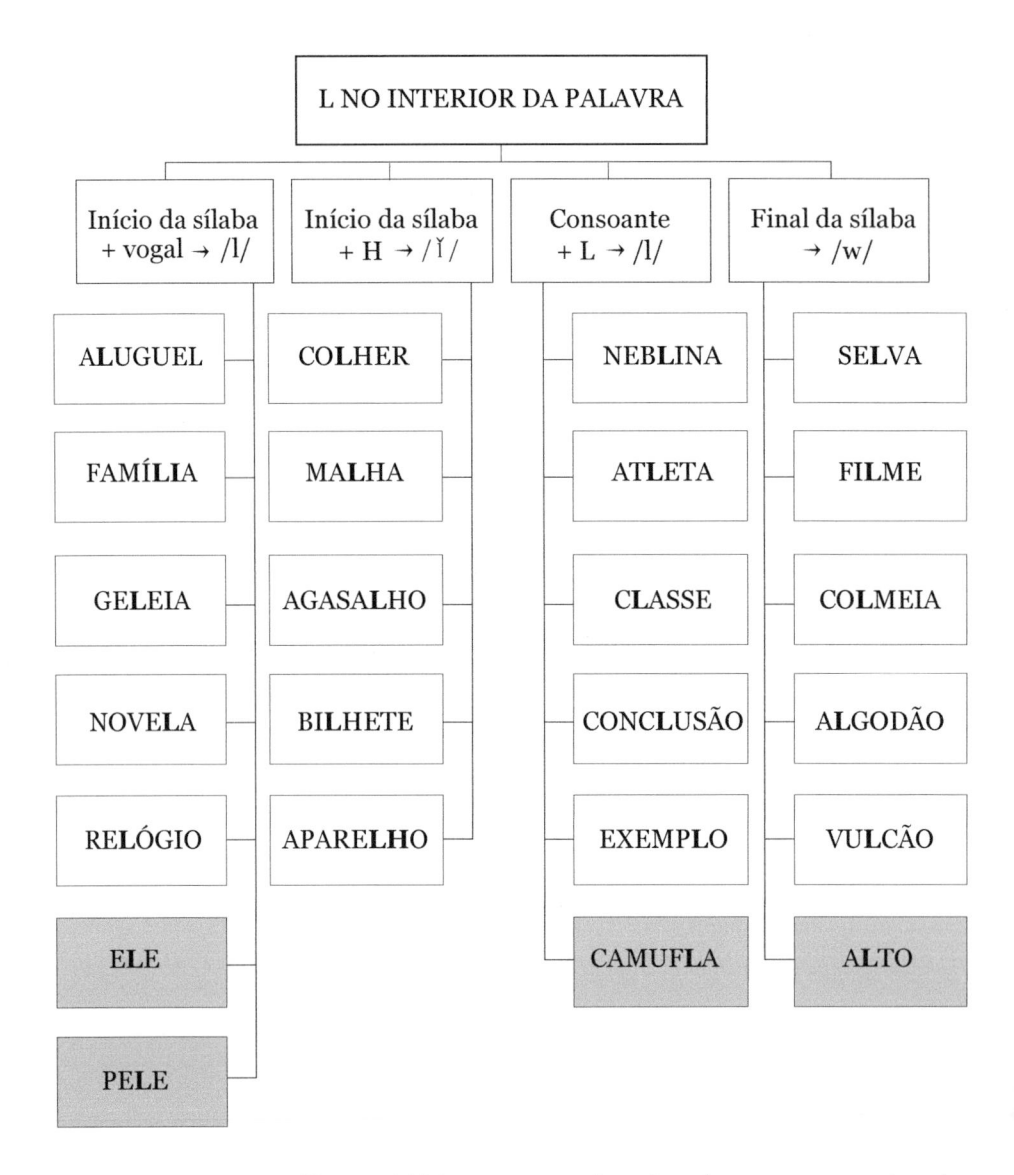

- **Início da sílaba + vogal → /l/**
  - ALUGUEL
  - FAMÍLIA
  - GELEIA
  - NOVELA
  - RELÓGIO
  - ELE
  - PELE

- **Início da sílaba + H → /ĭ/**
  - COLHER
  - MALHA
  - AGASALHO
  - BILHETE
  - APARELHO

- **Consoante + L → /l/**
  - NEBLINA
  - ATLETA
  - CLASSE
  - CONCLUSÃO
  - EXEMPLO
  - CAMUFLA

- **Final da sílaba → /w/**
  - SELVA
  - FILME
  - COLMEIA
  - ALGODÃO
  - VULCÃO
  - ALTO

Figura 16. Valores que o grafema L pode representar no interior de palavras.

2. Completar palavras com letras omitidas

Assinale a coluna do **S** ou a coluna do **SS**, indicando a opção correta para completar as palavras:

	S	SS
AB____OLUTO		
ANALI____AR		
ANIVER____ÁRIO		
ATRAVE____AR		
COMPROMI____O		
DE____AGRADÁVEL		
DE____ERTO		
DEPRE____A		
DESPE____A		
DINO____AURO		
EN____AIAR		
EXCE____O		
IMPRE____ÃO		
INVER____O		
NECE____ITAR		
PAI____AGEM		
PARAFU____O		
PER____EGUIR		
PO____ÍVEL		
RIGORO____O		

Para realizar a atividade com sucesso, o estudante precisa decidir se, em contexto intervocálico, o fonema representado pelo grafema é /s/ ou /z/, empregando o dígrafo SS ou S, respectivamente. Porém, há também palavras em que o grafema S deve ser empregado para representar o fonema /s/ em contextos em que é precedido por -N que nasaliza a vogal, como em 'EN**S**AIAR'; ou de outras consoantes, como em 'AB**S**OLUTO', 'ANIVER**S**ÁRIO', 'INVER**S**O', 'PER**S**EGUIR'. Se generalizar S para /z/ e SS para /s/, o aluno pode equivocar-se, selecionando SS e não S. Caso isso ocorra, o professor pode esclarecer as dúvidas.

A atividade, ao selecionar apenas palavras escritas com S ou SS, permite que os alunos exercitem as regras que descobriram para o uso do grafema S, já que, nessa etapa, não são confrontados com os contextos arbitrários em que outros grafemas concorrem para representar /s/ ou /z/.

3. Estabelecer a prioridade das restrições contextuais em palavras de uma mesma família

- Se você fosse completar a frase com o verbo que aparece na primeira coluna, como ficaria?

ABRAÇAR	Ontem eu_____ meu amigo.
ALCANÇAR	Ontem eu_____ meu melhor resultado.
CALÇAR	Ontem eu_____ meu tênis velho e confortável.
COMEÇAR	Ontem eu_____ um caderno novo.
DANÇAR	Ontem eu_____ a noite toda.

- De onde vêm estas palavras?
  banqueiro: _____
  arqueiro: _____
  coqueiro: _____
  mosquito: _____
  pesqueiro: _____

- Que palavra deu origem a estas palavras?
  pracinha: _____
  criancice: _____
  justiceiro: _____
  roceiro: _____
  gracioso: _____

Nas três atividades apresentadas, as crianças precisam compreender que as regularidades contextuais têm prioridade sobre as morfológicas. Não se trata, portanto, de uma exceção à regra de que palavras da mesma família mantêm a mesma forma do radical, já que não é possível escrevê-las de outro modo.

4. Cruzadinha

Na cruzadinha abaixo, há algumas espécies de animais que vivem nos variados subsistemas do Cerrado. Será que você consegue descobrir quais são elas?

Figura 17. Cruzadinha.

Em todos os nomes que integram a cruzadinha há vogais nasais, que são representadas na escrita com o acréscimo de M ou N no final de sílaba: *lo**n**tra, a**n**ta, ga**m**bá, o**n**ça-pi**n**tada, i**nh**a**m**bu, pi**n**tado, ta**m**a**n**duá*. Como em cada uma há pelo menos um dígrafo (em *i**nh**a**m**bu*, há dois: NH e AM), o número de células disponíveis para grafar a palavra cria restrições à criança que omitir o M ou o N, ou representar a nasalidade de modo não convencional, como, por exemplo, com o acréscimo do til. Além disso, precisará estar atenta à letra seguinte para selecionar corretamente M ou N.

Esse tipo de atividade, portanto, é apropriado a contextos em que os dígrafos estão entre as possibilidades de representar determinado fonema (veja o quadro 7, p. 34).

5. Ditado com focalização

Se há uma atividade emblemática para exemplificar abordagens tradicionais do ensino de ortografia, esta é indiscutivelmente o ditado: o professor ditava palavras, frases ou textos que deviam ser transcritos pelos alunos; o produto era submetido a uma correção mecânica que, em geral, quantificava os erros cometidos, atribuindo-lhes uma nota.

Proposto como atividade de sistematização, o ditado perde esse caráter, criando possibilidades para a turma refletir sobre as regularidades ortográficas.

É o que sustenta Moraes:

> *Ditamos à turma um texto já conhecido, fazendo pausas diversas, nas quais convidamos os alunos a focalizar e discutir certas questões ortográficas previamente selecionadas ou levantadas durante a atividade. Os alunos sabem que o ditado é para isso e já voltam sua atenção para refletir sobre dificuldades ortográficas.*[58]

---

[58] MORAIS, 1998, p. 77-78.

Para focalizar as questões ortográficas em estudo e permitir que os alunos sistematizem as regularidades descobertas, é possível realizar uma versão simplificada na qual eles escrevem apenas algumas palavras omitidas do texto. Em vez de escrever o texto inteiro, concentram-se apenas nas palavras em que há o emprego do grafema em estudo, o que confere maior dinamismo à atividade.

No trecho da reportagem, publicada originalmente na *Folhinha*, suplemento infantil do jornal *Folha de S.Paulo*, poderiam ser ditadas as palavras entre parênteses caso o professor desejasse exercitar o emprego dos grafemas C, Ç e QU.

RÉDEA CURTA

É em _____ (cima)
de um cavalo que João Eduardo Jansen, 11,
_____ (deficiente) visual desde
o nascimento, treina seu (equilíbrio). Ele faz sessões
de equoterapia (terapia com cavalo) uma vez
por semana.
O menino adora as aulas e
_____ (conta) que já
_____ (quis) até
levar o _____ (bicho) para
_____ (casa). Logo ele,
que nem _____ (encostava)
em animais. "Agora _____ (toca)
em gato, _____ (cachorro)
e outros _____(bichos)
de _____(estimação),
_____ (graças)
ao _____ (contato)
com o cavalo", fala a sua mãe, Ana Karina.
Nas aulas, os alunos, montados, jogam bambolê em um _____ (cone),

> _____ (controlam) as rédeas, _____ (chamam) o cavalo com um _____ (comando) que imita um beijo e alimentam o animal.[59]

Como proceder?

- Escolha um texto de um gênero ou um assunto familiares, em que haja palavras com os grafemas em estudo. No trecho da reportagem selecionado a título de exemplo, palavras com C, Ç ou QU.

- Ao selecionar as palavras que serão ditadas, descarte aquelas que envolvam contextos irregulares, como na*sc*imento; ou palavras de baixa frequência, como *equoterapia*.

- Antes de ditar, leia o texto integralmente em velocidade normal para que as crianças possam compreendê-lo globalmente. Esclareça eventuais dúvidas de compreensão e acolha os comentários espontâneos que fizerem em relação ao conteúdo temático do texto.

- Antes de iniciar o ditado, esclareça seu objetivo: empregar determinado grafema, como, no exemplo apresentado, C, Ç ou QU. Esse cuidado permite que os alunos descartem alternativas possíveis em contextos irregulares, como cogitar o emprego de SS para *deficiente*. Sabendo que só é possível empregar C, Ç ou QU, concentram-se em analisar a posição do grafema na palavra optando apenas entre C ou Ç.

---

[59] *FOLHA DE S. PAULO*, 25 ago. 2012 (texto adaptado para fins didáticos).

- Releia o texto até a primeira palavra omitida e forneça o tempo necessário para que a anotem no espaço reservado. Ao ditar a palavra, fale normalmente, sem artificializar a pronúncia.

- Após o registro da palavra na folha, solicite a alguns alunos que a copiem na lousa para que todos possam comparar o modo como a grafaram e avaliar se o emprego do grafema respeita as restrições impostas pela posição que ocupa. Estimule-os a justificar o modo como escreveram as palavras ditadas antes de promover os ajustes necessários para chegar à forma convencional.

- Caso, entre as formas escritas na lousa, ocorrerem desvios envolvendo outros grafemas que não os focalizados, sugere-se que o professor informe como se escrevem, sem no entanto desviar-se de seu objetivo. Por exemplo, caso tenham escrito 'quiz', informar que todas as formas do verbo *querer*, como *qui**s***, *qui**s**ermos*, qui**s**esse são com S; se 'cachoro', lembrar que, entre vogais, "o R forte" só pode ser representado pelo dígrafo RR. Focalizar apenas um aspecto permite que os alunos aprendam com a experiência.

6. Atividades simplificadas de revisão de textos

Para revisar, o aluno precisa dividir sua atenção entre a compreensão do conteúdo do texto e a análise de como as palavras são grafadas, para identificar aquelas em que há erros envolvendo o conteúdo ortográfico em estudo; no exemplo a ser apresentado, trata-se do emprego do M ou do N como indicadores de nasalidade vocálica. Como não há outros problemas, nem mesmo de ortografia, a atividade simplifica a tarefa e permite que as crianças aprendam como se lê para revisar.

Ao copiar em seu caderno esta divertida parlenda, uma criança escreveu de modo incorreto algumas palavras em que as letras M e N funcionam como se fossem um til para indicar que a vogal que acompanham é nasal. Há cinco erros. Será que você consegue localizá-los e corrigi-los?

Amanhã é segunda, que preguiça imumda!
Amanhã é terça, você conpareça!
Amanhã é quarta, a saudade me mata!
Amanhã é quinta, malamdro te finca!
Amanhã é sexta, sele sua besta!
Amanhã é sábado, vá ao povoado!
Amanhã é domimgo, acenda seu cachinbo![60]

Ao criar uma coerção, indicando o número de palavras erradas no enunciado da atividade, imprime-se maior rigor à realização da tarefa por parte do aprendiz.

7. Jogos
a. Jogo da forca

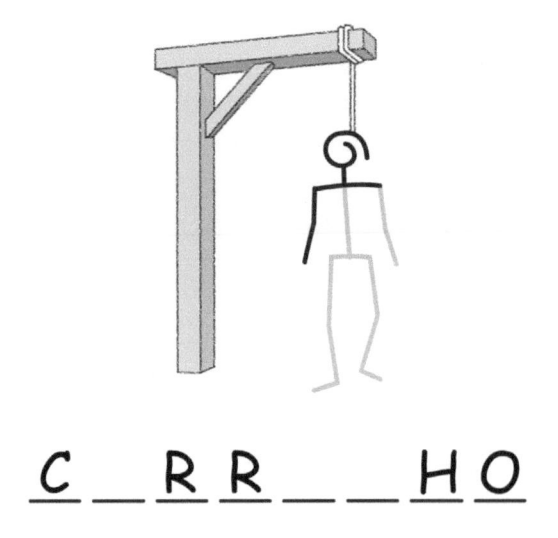

C _ R R _ _ H O

Figura 18. Jogo da forca. No exemplo, a palavra "carrinho".

---
[60] NÓBREGA e PAMPLONA, 2005, p. 37 (adaptado para fins didáticos)

Bastante popular, o jogo da forca tem como objetivo adivinhar qual palavra está oculta, dispondo apenas do número de letras que a compõem, representadas por traços no papel. O jogador, em suas jogadas, nomeia determinada letra. Estando correta, a letra deve ser escrita sobre o traço na posição em que aparece na palavra. Havendo mais de uma ocorrência da letra na mesma palavra, também deve ser preenchido o espaço correspondente. No caso de uma jogada errada, uma parte do corpo humano é desenhada na forca. O jogo termina com a descoberta da palavra pelo jogador ou com a sua derrota, quando é "enforcado".

Há versões do jogo disponíveis na internet; entretanto, em geral não permitem que o professor selecione as palavras em função do conteúdo ortográfico que deseja exercitar, não atendendo, portanto, ao objetivo de sistematizar as regularidades em estudo.

A seleção de palavras pode contemplar:

- *palavras com os dígrafos CH, NH ou LH*: por exemplo, se o H ocorrer no interior da palavra, permite que a criança antecipe que antes dele pode haver C, N ou L;

- *palavras com o L ou o R como a segunda consoante em encontros consonantais*: quando houver um espaço entre uma consoante e uma vogal, pode ser indício de uma sílaba do tipo CCV;

- *palavras em que o M ou o N, em final de sílaba, representam a nasalidade da vogal anterior*: se a criança sugere N em um contexto em que a letra seguinte for B ou P, pode deduzir o equívoco e propor M etc.

Com alunos dos anos iniciais do Ensino Fundamental é possível delimitar o campo semântico:

animais, flores, personagens de contos de fadas etc. Esse cuidado permite que as crianças, quando já há um número razoável de letras, possam deduzir quais são as faltantes.

Outra opção é explorar o jogo como resposta a adivinhas ou perguntas sobre conteúdos estudados em diferentes disciplinas: *O que é que corre a casa inteira e se esconde atrás da porta?* A resposta da adivinha é a palavra que está oculta: *vassoura*.

Estudando sobre a estrutura dos frutos, a pergunta poderia ser: *Parte do fruto que se lança na terra para brotar?* A resposta à pergunta é a palavra oculta; no exemplo, *semente*.

b. Jogo de trilha

Em geral, as crianças apreciam muito jogos de trilha, em que, de acordo com o lance do dado, percorre-se o número de casas sorteado. Com propósitos pedagógicos para a sistematização de regularidades contextuais, pode-se criar uma variedade de jogos em que as casas contenham palavras que exemplifiquem o emprego do grafema em estudo. Assim, ao parar em determinada casa, o jogador precisa dizer como se preenche a palavra em questão. Se acertar, permanece na casa, mas, se errar, fica uma rodada sem jogar, retorna à posição em que estava ou recebe uma forma de punição estabelecida pelas regras do jogo.

Apoiando-se em jogos de trilha conhecidos, as crianças podem também criar casas que mandam recuar ou avançar; casas que proíbem jogar uma rodada; casas em que há armadilhas, onde o jogador pega uma carta e encontra uma tarefa que precisa ser realizada. Por exemplo, ler bem depressa um trava-língua cujo efeito aliterante seja obtido pela repetição insistente de consoantes representadas pelo grafema em estudo; nos exemplos apresentados, o R:

A aranha arranha o jarro.
O jarro arranha a aranha.
A aranha não arranha o jarro,
Porque o jarro não arranha a aranha.

A rata roeu a rolha
da garrafa da rainha.
A rosa perguntou à rosa
qual era a rosa mais rosa.
A rosa respondeu para a rosa
que a rosa mais rosa
era a rosa cor-de-rosa.

Iara amarra
A arara rara,
A rara arara
De Araraquara.

Um prato de trigo para um tigre.
Dois pratos de trigo para dois tigres.
Três pratos de trigo para três tigres.

Pardal pardo, porque palras!
Palro sempre e palrarei,
Porque sou o pardal pardo,
Palrador d'El Senhor Rei.

O rato roeu a roupa do rei de Roma,
O rato roeu a roupa do rei da Rússia,
O rato roeu o rabo do rodovalho...
O rato roía, roía.
E a Rosa Rita Ramalho
Do rato a roer se ria![61]

---
[61] *REVISTA JANGADA BRASIL*: A CARA E A ALMA BRASILEIRAS, mar. 2007.

Proponha que as crianças, em pequenos grupos, discutam: o enredo do jogo, os personagens, o número de casas que compõem a trilha, as palavras que ocuparão as casas, o cenário que ilustrará o tabuleiro, materiais necessários (dados, pinos...), as regras do jogo etc.

Antes de criar o jogo em sua versão definitiva, peça que elaborem um esboço a lápis em uma folha e sugira que joguem uma vez para ver se funciona mesmo. Após os ajustes necessários, disponibilize os materiais para que confeccionem a versão definitiva. Durante a execução, auxilie-as a traçar a trilha, se necessário.

Finalizada a confecção, é hora de entreter-se com os jogos criados pelos diferentes grupos. Após algumas rodadas para que possam conhecê-los, organize uma agenda para que possam levá-los para casa e compartilhá-los com os familiares.

Por exemplo, para sistematizar o emprego de R ou RR, as crianças podem criar um pequeno enredo envolvendo um joão-de-barro que precisa chegar a seu ninho:

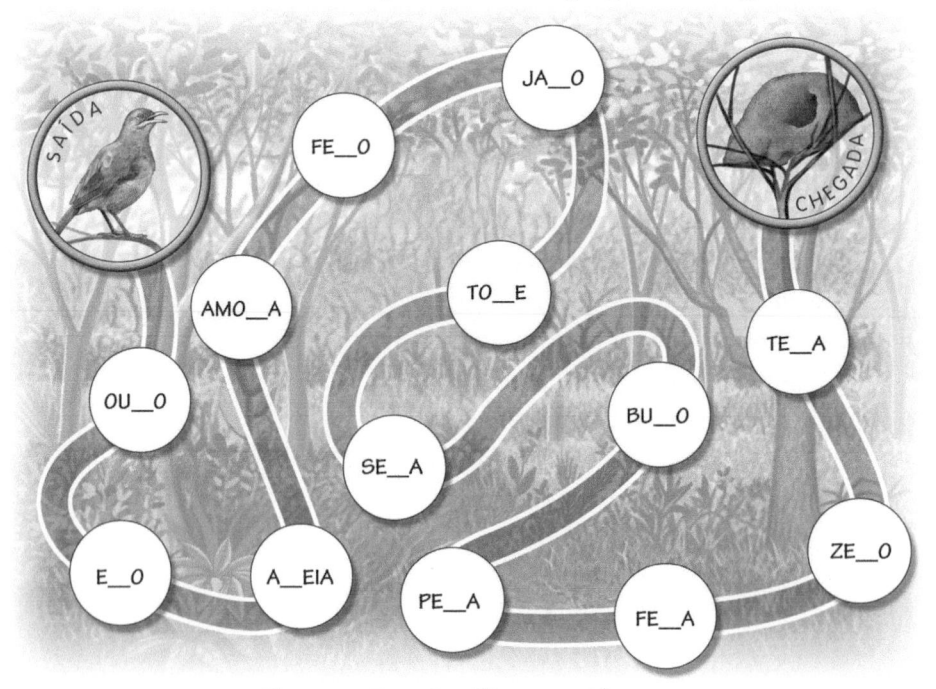

Figura 19. Jogo de trilha ortográfica.

Atividades de descoberta e sistematização de regularidades morfológicas

Como vimos, por meio de um sistema relativamente delimitado de unidades – o inventário dos morfemas da língua, bem como de regras que permitem combiná-los – é possível obter informações relativas às regras flexionais (nos nomes, gênero e número; nos verbos, tempo e modo, pessoa e número), bem como às regras derivacionais, que dão origem a novas palavras com o acréscimo de prefixos ou sufixos. O conhecimento dessas regularidades morfológicas permite economizar memória.

Tradicionalmente, no primeiro ciclo do Ensino Fundamental, o assunto formação de palavras, quando objeto de ensino, restringe-se a classificar substantivos em primitivos e derivados praticamente ignorando o fato de que o radical, comum às palavras cognatas, compartilha semanticamente um conceito geral, conservando a mesma forma gráfica.

O assunto reaparece bem encorpado no final do segundo ciclo do Ensino Fundamental. Nessa etapa da escolaridade, além de segmentar a palavra em seus constituintes mórficos e de reconhecer os diferentes processos de formação, os alunos precisam memorizar inventários de prefixos e radicais de origem grega e latina, listas de sufixos nominais, verbais ou adverbiais.

Perpetuando esse ensino pouco produtivo, perde-se a possibilidade de ensinar a usar a decomposição das palavras em seus constituintes como uma estratégia para uniformizar a escrita de palavras que compartilham radicais, prefixos, sufixos ou desinências.

Os resultados de pesquisa realizada por Guimarães e Roazzi, cuja finalidade era investigar se estudantes de diferentes anos do atual Ensino Fundamental e Médio percebiam radicais semânticos e se usavam esse conhecimento para grafar palavras cognatas de modo uniforme, apontam para as consequências da ausência de ensino sistemático das regularidades morfológicas:

> [...] 72% dos sujeitos classificaram as palavras utilizando a semelhança semântica como critério, e que esta opção foi escolhida pela maioria dos sujeitos em todas as séries, demonstrando que os sujeitos mais novos já são capazes de antecipar algo sobre o significado de palavras desconhecidas. Dessa forma, os dados nos mostram que os sujeitos, desde pequenos, são capazes de segmentar as palavras em unidades menores, como semantemas (radicais com o mesmo significado) e diferentemente da segmentação escolar (em letras e sílabas).
> Entretanto, muitos de nossos sujeitos, apesar de perceberem tal semelhança, não utilizam este conhecimento na geração de grafias iguais para radicais semanticamente iguais.[62]

Resultados semelhantes foram obtidos por Moreira e Pontecorvo, que analisaram a grafia de palavras produzidas por crianças que já compreenderam o sistema de escrita alfabética:

> A regularidade gráfica de certos morfemas parece contribuir para a sua interpretação e, assim sendo, possibilita tornar observáveis elementos convencionais do sistema ortográfico.[63]

Ao se sugerir que as regularidades morfológicas sejam exploradas como parte das estratégias disponíveis para tomar decisões sobre como se escrever uma palavra, não é, seguramente, o tratamento dado pelas gramáticas escolares o que se propõe.

---

[62] GUIMARÃES e ROAZZI, 1999, p. 65.
[63] PONTECORVO e MOREIRA, 1996, p. 113.

As atividades de descoberta e sistematização das regularidades morfológicas, tomando a palavra como um todo não segmentável, como proposto por Saussure em seu *Curso de linguística geral*, instigam os estudantes a estabelecer relações associativas entre palavras para identificar constituintes comuns do ponto de vista do significante, do significado e de sua função morfológica. Vejamos os exemplos apresentados por Saussure em seu curso:

> *Uma unidade como* desejoso *se decompõe em duas subunidades* (desej-oso), *mas não se trata de duas partes independentes simplesmente juntadas uma à outra* (desej + oso). *Trata-se de um produto, uma combinação de dois elementos solidários, que só têm valor pela sua ação recíproca numa unidade superior* (desej x oso). *O sufixo, considerado isoladamente, é inexistente; o que lhe confere seu lugar na língua é uma série de termos usuais, tais como* calor-oso, duvid-oso *etc. Por sua vez, o radical não é autônomo; ele só existe pela combinação com um sufixo; no francês* roul-is, *o elemento* roul- *não é nada sem o sufixo que o segue. O todo vale pelas suas partes, as partes valem também em virtude de seu lugar no todo, e eis por que a relação sintagmática da parte com o todo é tão importante quanto a das partes entre si.*[64]

Como uma palavra, por analogia, pode provocar na memória uma série de relações associativas com outras palavras já existentes na língua com as quais compartilha certos constituintes, as tarefas apresentadas aos alunos exigem que, para solucioná-las, estabeleçam relações associativas com palavras que apresentem elementos comuns, isto é, uma cadeia

---
[64] SAUSSURE, 2006, p. 148-149.

gráfica semelhante, um elemento significativo semelhante e uma função morfológica semelhante.

Tomando o exemplo apresentado por Saussure, *desejoso* tem em comum com **desej**ar, **desej**ável, **desej**o, **desej**oso, in**desej**ado, in**desej**ável, o elemento chamado radical (*DESEJ-*); mas tem em comum com *amor**oso**, nerv**oso**, queix**oso**, sabor**oso**, teim**oso**, valor**oso*** o elemento chamado sufixo (*-OSO*). Essa constatação, além do reconhecimento da semelhança semântica e morfológica, permite também homogeneizar as formas gráficas: as palavras que compartilham o radical *DESEJ-* e o sufixo *-OSO* são grafadas com S.

Atividades exploratórias com um *corpus* de palavras permitem que, por analogia, os estudantes descubram o funcionamento do constituinte em questão sem a sobrecarga de uma descrição como as da gramática tradicional. A reflexão metalinguística que os estudantes estabelecem ao analisar as palavras que compartilham constituintes desenvolve sua capacidade de identificar as configurações gráficas comuns, extrair regularidades em seu funcionamento e estabelecer relações de analogia entre elas, contribuindo para a compreensão da regra.

Os comentários iniciais a respeito da forma gráfica dos constituintes mórficos das palavras, seu sentido ou sua função gramatical expandem-se para verbalizações mais elaboradas durante as atividades em duplas ou pequenos grupos. Essa negociação é essencial para que, posteriormente, consigam aplicar essas regularidades ao escrever ou revisar seus textos autonomamente, pois, ao negociar como se escreve uma palavra, o estudante argumenta verbalizando a regra e, ao fazer uso dela, transforma-a em estratégia cognitiva, que pode ativar sempre que tiver dúvidas ao redigir ou ao revisar seus próprios textos.

Para tanto, é importante que o professor planeje boas situações didáticas, que desafiem os estudantes a descobrir as regularidades morfológicas, a fazer uso delas para solucionar dúvidas ortográficas, ampliando, progressivamente, a metalinguagem necessária para explicar os conteúdos analisados. Situações didáticas com essas características, além de promoverem o ensino explícito das regularidades morfológicas ao incentivar a negociação sobre a forma gráfica, garantem o desenvolvimento da competência metalinguística.

Descobrindo e sistematizando regularidades morfológicas com morfemas desinenciais

A seguir, vamos dar um exemplo de atividade de descoberta e de sistematização de regularidades morfológicas envolvendo morfemas desinenciais para reduzir erros por interferência da variedade falada pelos alunos na escrita.

Uma forma de permitir que as crianças encontrem as regularidades morfológicas, como as existentes na terminação das formas verbais da 3ª pessoa do singular do pretérito perfeito do indicativo dos verbos da 1ª conjugação -*OU*, por exemplo, é selecionar um texto em que seja possível observá-las. Como o pretérito perfeito é o tempo verbal que serve para indicar o primeiro plano das narrativas, isto é, os eventos narrados, não é uma tarefa difícil selecionar textos para essa finalidade.

Compartilho o relato de uma professora de 3º ano de uma escola da rede estadual de São Paulo. Como as crianças cometiam erros reduzindo o ditongo em formas verbais como '*pinto*' > *pintou*; '*surro*' > *surrou*; '*pulo*' > *pulou*, a professora selecionou a letra da canção "O pato", de Vinicius de Moraes, Toquinho e

Paulo Soledade para ajudar seus alunos a perceberem que se fala [o], mas se escreve -*OU*:

O PATO
Vinicius de Moraes, Toquinho e
Paulo Soledade

Lá vem o Pato
Pata aqui, pata acolá
Lá vem o Pato
Para ver o que é que há.
O Pato pateta
Pintou o caneco
Surrou a galinha
Bateu no marreco
Pulou do poleiro
No pé do cavalo
Levou um coice
Criou um galo
Comeu um pedaço
De jenipapo
Ficou engasgado
Com dor no papo
Caiu no poço
Quebrou a tigela
Tantas fez o moço
Que foi pra panela.[65]

Após aprenderem a cantar a canção, a professora solicitou que realçassem as palavras que iria escrever na lousa: *pintou, surrou, pulou, levou, criou, ficou, quebrou*. Depois de informar que todas elas eram verbos, perguntou que sentido expressavam. Refletindo a respeito do valor semântico das palavras,

---
[65] A letra da canção e o áudio de algumas de suas interpretações estão disponíveis em: www.viniciusdemoraes.com.br/site/article.php3?id_article=280. Acesso em: 8 jan. 2013.

uma das crianças afirmou que todas elas se referiam a *coisas que o pato fez*. Não houve acordo, pois outra argumentou que *levou um coice* não era algo que o pato tivesse feito e sim, algo que fizeram com ele, algo que o cavalo fez com o pato. Outra criança argumentou que *criou um galo* e *ficou engasgado* não era nem uma coisa, nem outra – nem algo que o pato tinha feito, nem algo que tinham feito com o pato, pois era algo que tinha acontecido com o pato. Puseram-se de acordo em torno da seguinte explicação que a professora registrou na lousa: *verbo é uma palavra que diz o que o pato fez, o que fizeram com o pato e o que aconteceu com o pato.*

A professora perguntou, então, se verbo só servia para expressar o que patos fazem. As crianças formularam, então, uma nova redação mais abrangente: *verbo é uma palavra que diz o que o personagem fez, o que fizeram com o personagem e o que aconteceu com o personagem.*

A professora relê, então, a lista de verbos e pede aos alunos que observem como essas palavras terminam: eles não tiveram dificuldades em identificar a terminação *-OU*. Desafia-os, então, a verificar se é mesmo verdade que todas as palavras que expressam *o que os personagens fazem, o que fizeram com os personagens* ou *o que aconteceu com os personagens* só podem terminar com *-OU*. Os alunos localizaram, na própria letra da canção, *bateu, comeu* e *caiu*. Disseram que também podia terminar com *-EU* e *-IU*, mas que em todas havia a letra U, que, como se sabe, é a desinência número-pessoal da 3ª pessoa do singular.

Para confirmar se a descoberta que haviam feito era mesmo verdade, propôs que pegassem uma antologia de fábulas que estavam lendo e verificassem se as descobertas que fizeram funcionavam com outros personagens ou só com patos. Foi fácil descobrir que as terminações serviam também para a raposa, o lobo, o cordeiro etc.

Conforme localizavam formas da 3ª do singular do pretérito perfeito, ditavam a palavra à professora, que a registrava na lousa, organizando-as em três colunas:

-OU	-EU	-IU
admirou	meteu	surgiu
farejou	venceu	conseguiu
notou	apareceu	
cheirou		
pensou		
continuou		
voou		
botou		
cobiçou		

Ficaram impressionados com o fato de a terminação -*OU* ser mais numerosa do que as outras. Sabe-se que a primeira conjugação dos verbos em português – que apresenta terminação em -*AR* – é praticamente a única conjugação produtiva na língua, porque os novos verbos que surgem são dessa conjugação. Basta lembra os verbos que se referem às tarefas que realizamos no computador, como *escanear* (digitalizar um documento com a ajuda de um escâner); *deletar* (apagar, remover); *lincar* (estabelecer relação mediante um clique de *mouse* com um elemento de outro documento a partir de um trecho ou elemento gráfico em destaque); *logar* (dar início a uma sessão de conexão em que é necessária a identificação do usuário) etc.

Fizeram, entretanto, uma ressalva: a terminação não valia se havia um grupo de personagens: formigas, por exemplo, em "*As formigas pararam de trabalhar, coisa que era contra os princípios delas, e perguntaram [...]*". Não dá para usar nem *-OU* nem *-EU* nem *-IU*. A professora disse que esse era um assunto que estudariam de uma próxima vez.

Descobrindo e sistematizando regularidades morfológicas com morfemas derivacionais

A seguir, veremos um exemplo de atividade de descoberta e de sistematização de regularidades morfológicas envolvendo morfemas derivacionais, igualmente planejado para reduzir erros por interferência da variedade falada pelos alunos.

Alguns ditongos, na fala, sofrem um processo de redução, isto é, perdem a semivogal e passam a uma vogal simples. É o caso dos ditongos [ay], [ey] e [ow], como em *caixa, ameixa, touro*. De modo quase que generalizado nos dialetos do português do Brasil, ao pronunciar as palavras *caixa, ameixa*, os ditongos [ay] e [ey] perdem a semivogal [y] e passam a ser pronunciados como [a] e [e]; ao pronunciar a palavra *touro* o ditongo [ow] perde a semivogal [w] e passa a ser pronunciado como [o]. Essa redução, que se dá por assimilação da semivogal, pode gerar erros ortográficos por interferência da fala, como 'caxa', 'amexa' e 'toro'.

Enquanto o ditongo [ow] tende a sofrer redução na fala em praticamente todos os contextos, o único ambiente em que se constata o apagamento da semivogal [y] do ditongo [ay] é apenas quando o segmento seguinte for [š], como em *baixa* e *faixa*. A redução do ditongo [ey], em geral, acontece principalmente frente a três contextos – /r/, /š/ ou /ž/ –, como nos exemplos *feira, peixe* e *queijo*.

O ditongo [ey] seguido de /r/ está presente em um dos sufixos mais empregados no processo derivacional da língua portuguesa: *-eiro/-eira*, que é muito produtivo quer pela diversidade de noções semânticas que expressa, quer pela possibilidade que oferece de formar substantivos e adjetivos. Eis alguns de seus usos, segundo o dicionário de elementos mórficos do *Houaiss eletrônico*[66]:

a. Nomes de atividades profissionais: *açougueiro, barbeiro, costureira/costureiro, cozinheiro/cozinheira, enfermeiro/enfermeira, fazendeiro, goleiro, leiteiro, padeiro, pipoqueiro, porteiro, relojoeiro, sapateiro, toureiro, vaqueiro* etc.;

b. adjetivos que expressam traços do comportamento de uma pessoa: *arruaceiro, aventureiro, bagunceiro, encrenqueiro, rueiro, fofoqueiro* etc.;

c. alguns poucos adjetivos pátrios: *brasileiro, campineiro, mineiro* etc.;

d. nomes (com *-eira*) de objetos usados em certas ações: *assadeira, frigideira* etc.;

e. nomes (com *-eira*) de eletrodomésticos: *batedeira, cafeteira, geladeira, enceradeira*;

f. nomes de recipientes onde se guardam coisas, se preparam ou se servem alimentos: *açucareiro, cristaleira, lancheira, manteigueira, paliteiro, pipoqueira, saleiro, sapateira, sopeira* etc.;

g. nomes (com *-eira*) de equipamentos esportivos ou ortopédicos de proteção: *braçadeira, cotoveleira, joelheira, perneira, tornozeleira*;

h. nomes que expressam acúmulo: *aguaceira, buraqueira, cabeleira, lamaceira, nevoeiro, poeira* etc.;

[66] INSTITUTO ANTÔNIO HOUAISS, 2009.

i. nomes de *habitat* ou local de criação de animais: *cupinzeiro, chiqueiro, formigueiro, galinheiro* etc.;

j. nomes de plantas ou árvores: *abacateiro, amoreira, bananeira, cerejeira, figueira, goiabeira, jabuticabeira, laranjeira, loureiro, roseira* etc.;

k. nomes de doenças ou dificuldades físicas: *cegueira, coceira, frieira, gagueira* etc.;

l. nomes de ações: *asneira, bandalheira, bobeira, doideira, ladroeira* etc.;

m. nomes de ações que sugerem exagero: *berreiro, choradeira* etc.

Para permitir a descoberta da regularidade, uma opção é organizar um *corpus* de palavras e propor que as crianças as organizem em grupos pelo critério semântico. Não é necessário que o *corpus* compreenda todas as possibilidades, já que o propósito é permitir que as crianças apoiem-se na regularidade morfológica para não cometer mais erros nesse contexto.

Concluídos os trabalhos, o professor promove uma discussão coletiva dos resultados obtidos. Após chamar a atenção para a forma gráfica do sufixo, propõe a redação da regra a ser registrada pelos alunos em seus cadernos.

8. Levantamento de novas palavras que contenham o elemento mórfico cuja regularidade gráfica se quer ressaltar

Se a regularidade morfológica envolver um prefixo, a consulta ao dicionário pode ser de grande valia. As crianças encontrarão numerosos exemplos e ampliarão sua intimidade com esse tipo de publicação.

Se a regularidade envolver um sufixo, a opção é consultar um dicionário de rimas[67]. Nele os verbetes são compostos por rimas consoantes[68] organizadas em ordem alfabética, seguidas de numerosos exemplos. Como as rimas ocorrem na margem direita da palavra, é possível recorrer a esse tipo de dicionário também quando se quer encontrar exemplos de palavras que contenham determinado sufixo.

9. Decalque de canções e poemas conhecidos

Para, além de sistematizar a descoberta, também reintroduzir o conteúdo trabalhado em uma situação de produção de texto, o professor pode propor o decalque de poemas ou canções em que o elemento mórfico cuja grafia se deseja ensinar seja recorrente. É o caso da canção *Pomar*, de Paulo Tatit e Edith Derdyk:

> **POMAR**
> *Paulo Tatit e Edith Derdyk*
>
> Banana, bananeira
> Goiaba, goiabeira
> Laranja, laranjeira
> Maçã, macieira
> Mamão, mamoeiro
> Abacate, abacateiro
> Limão, limoeiro
> Tomate, tomateiro
> Caju, cajueiro
> Umbu, umbuzeiro

---

[67] FERNANDES, 2003.
[68] Rimas consoantes são as que apresentam semelhança dos segmentos sonoros que se seguem à vogal tônica. Por exemplo: O coqueiro de sabido / Foi-se pôr naquela alt**ura** / Pensando que eu não sabia / Quando tem fruta mad**ura**.

> Manga, mangueira
> Pera, pereira
> Amora, amoreira
> Pitanga, pitangueira
> Figo, figueira
> Mexerica, mexeriqueira
> Açaí, açaizeiro
> Sapoti, sapotizeiro
> Mangaba, mangabeira
> Uva, parreira
> Coco, coqueiro
> Ingá, ingazeiro
> Jambo, jambeiro
> Jabuticaba, jabuticabeira[69]

Apresentando uma estrutura simétrica, a canção propõe-se como uma brincadeira, em que um solista sugere o nome de uma fruta e um coral responde com o nome da árvore frutífera, formado com o nome do fruto + o sufixo *-EIRA/-EIRO*.

Nesse tipo de atividade, os alunos são convidados a criar novas versões para um texto conhecido. Como as questões formais já estão em parte definidas pela organização composicional e estilística do texto-fonte, podem concentrar-se no conteúdo temático (o que dizer) e na atenção à ortografia das palavras que selecionam. Por exemplo, para produzir um decalque da canção *Pomar*, de Paulo Tatit e Edith Derdyk, precisarão organizar uma lista de frutas que não fazem parte da letra além de, por derivação, o nome da árvore. Como a tarefa é complexa, já que as crianças estão implicadas ludicamente criando uma nova letra, cantarolando os novos versos, o professor pode verificar se, ainda assim, conseguem monitorar a grafia do sufixo *-EIRO*.

---
[69] PALAVRA CANTADA, 1996.

Exemplo de um possível decalque:

POMAR 2

Ameixa, ameixeira
Amêndoa, amendoeira
Araçá, araçaeiro
Bacuri, bacurizeiro
Buriti, buritizeiro
Cacau, cacaueiro
Caqui, caquizeiro
Castanha, castanheira
Cereja, cerejeira
Cidra, cidreira
Damasco, damasqueiro
Groselha, groselheira
Jaca, jaqueira
Jenipapo, jenipapeiro
Licuri, licurizeiro
Lima, limeira
Maracujá, maracujazeiro
Marmelo, marmeleiro
Murici, muricizeiro
Nozes, nogueira
Papaia, papaieira
Pêssego, pessegueiro
Pitomba, pitombeira
Tamarindo, tamarindeiro

Durante a atividade, pode ser que as crianças tenham dúvidas para escrever *bacurizeiro, buritizeiro, caquizeiro, maracujazeiro, muricizeiro*: é com Z ou com S? Decompondo as palavras em seus constituintes, temos: *bacuri+z+-eiro, buriti+z+-eiro, caqui+z+- -eiro, maracujá+z+-eiro, murici+z+-eiro*. Qual a função desse -Z-? Trata-se de uma consoante de ligação cuja função é tornar mais agradável a fala de uma determinada palavra. Note como seria incômodo pronunciar: 'caquieiro', 'maracujaeiro'.

Memorização de palavras de alta frequência envolvendo contextos irregulares

Como vimos nos quadros 5 e 6, há contextos arbitrários em que mais de um grafema concorre para representar um fonema. Nesses casos, não há como recorrer a critérios funcionais para decidir entre o emprego deste ou daquele grafema. Apenas o conhecimento etimológico pode justificar a ocorrência. Isso porque os grafemas que concorrem para representar outros fonemas já corresponderam, em épocas remotas, a fonemas diferentes. Lemle[70] sugere abordar o assunto com os alunos da seguinte maneira:

> *Assim, se algum aluno perguntar por que sino começa com* s *e cinco começa com* c, *o professor deverá responder que há casos, na nossa língua, em que duas letras diferentes fazem o mesmo trabalho de representar o mesmo som. Seria conveniente dar um pouquinho de informação histórica. Por exemplo, isso é explicado pela história da nossa língua. Antigamente, nossa língua era bem diferente da que nós falamos hoje. Ela era falada na Itália, e chamava-se latim. Em latim, os sons do* c *de cinco e do* s *de sino não eram iguais, e por isso essas palavras eram escritas com letras diferentes. Com a passagem de muitas gerações de falantes, as pessoas alteraram a pronúncia das palavras, e o som da palavra* cinco, *que se articulava com [k], foi mudando. O [k] mudou para [tš], para [ts], que acabou mudando para um som de [s], igual ao de* sino. *Entretanto, como*

---

[70] LEMLE, 1995, p. 32-33.

a língua escrita guarda um pouco da memória do passado, nós ainda retemos em nossa escrita a lembrança dessas duas pronúncias que antigamente eram diferentes. Então, essas irregularidades de nossa língua escrita são explicadas pela memória da história. Nossa língua carrega, na escrita, a tradição do passado que tem. Explicações desse tipo consolarão um pouco os alunos pelo esforço a ser investido na memorização da escrita das palavras.

Conhecer quais são os contextos em que mais de um grafema compete para representar um fonema permite antecipar quando é prudente recorrer ao dicionário para esclarecer a grafia de uma palavra. Essa conduta, é bom lembrar, não é prerrogativa de escritores inexperientes, é, isso sim, tarefa rotineira daqueles que escrevem profissionalmente.

Não podemos esquecer que o corretor ortográfico dos processadores de texto simplificou muito a tarefa ao corrigir automaticamente ou ao realçar as palavras em que há desvios. Mesmo nos casos que envolvem homófonas-heterográficas ou parônimas sempre é possível, mantendo o cursor sobre a palavra e clicando com o botão direito do *mouse*, buscar um sinônimo e substituir o termo, se necessário. Assim, a tarefa de memorizar listas de palavras irregulares se opõe ao bom senso.

Como o desenvolvimento do vocabulário se processa continuamente ao longo da vida e não apenas no período escolar, promover a memorização de palavras frequentes que envolvam contextos irregulares requer prática contínua.

Aprender a empregá-las e a grafá-las, porém, só faz sentido quando o processo sistemático de ensino/aprendizagem estiver associado à análise da seleção lexical que configura a realidade linguística recortada pelo texto ou pelos tópicos em estudo em uma determinada área, porque aprender um conteúdo científico implica também familiarizar-se com um **campo léxico-semântico**, isto é, com um conjunto de palavras que organizam as experiências humanas de uma mesma área de conhecimento ou de interesse, permitindo referir-se a elas nos textos.

Associando o ensino da ortografia ao do léxico, é possível ampliar progressivamente o número de unidades memorizadas e disponíveis para atualização, além de empregá-las com maior precisão semântica, ajustando-as à situação enunciativa e discursiva. Organizar o campo léxico-semântico permite:

a. **a identificação do conjunto de palavras que designam as partes de um todo** (meronímias: palavras que designam a parte de um todo / holonímias: palavras que designam o todo), por exemplo, bico / ave, semente / fruta;

b. **a compreensão das relações hierárquicas de palavras que pertencem a grupos ou a subgrupos que compartilham características comuns**, de modo a visualizar as relações de inclusão em diferentes níveis (hiperônimos: palavras cujo sentido é hierarquicamente superior a outro / hipônimos: palavras cujo sentido é hierarquicamente mais específico que outro), como, ave / bem-te-vi, flor / margarida;

c. **a associação de palavras a um termo-chave, segundo uma lógica analógica** que ativa os modelos cognitivos armazenados na memória, por exemplo, MAR: água, praia, pescador, peixe, barco, férias, viagem, sol etc.

Para um melhor entendimento da natureza dessas atividades, vamos a alguns exemplos.

1. Exemplos de atividades envolvendo meronímias

Ao estudar as aves, por exemplo, **construir um diagrama** com as palavras que nomeiam as partes do corpo do animal[71]. A atividade permite analisar diferenças e semelhanças entre os termos de uso mais geral e aqueles mais técnicos. Por exemplo, *bico* pode ser empregado em contextos informais ou formais; *pequenas supra-alares* e *grandes supra-alares*, que nomeiam as penas de cobertura da face superior das asas, são termos técnicos, empregados em textos científicos que demandam maior formalidade.

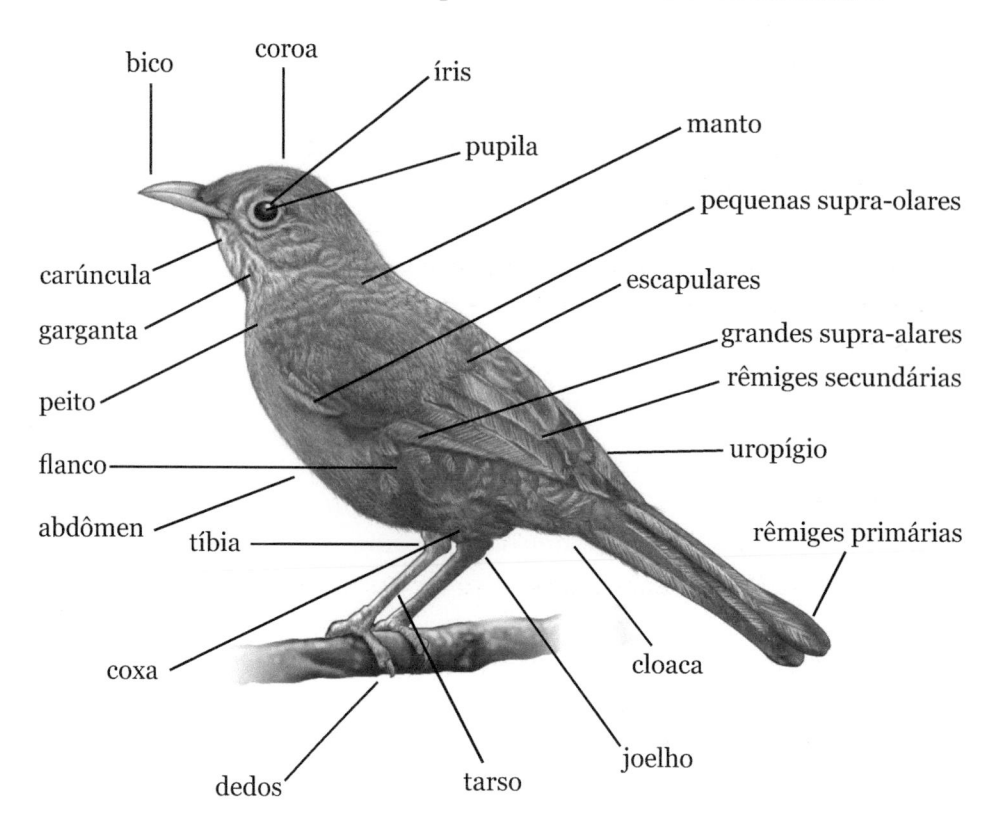

Figura 20. Morfologia das aves.

---

[71] Atividade proposta a partir de uma similar criada em ILARI, 2002, p. 44.

Fazer um levantamento de quais dessas palavras a turma teria dificuldade em grafar, caso fosse necessário escrevê-las de memória. Problematizar as escolhas. Por exemplo, se um aluno mencionar a palavra *abdômen*, pois poderia grafá-la com M, o professor deve comentar que a explicação para esse uso é etimológica: as poucas palavras terminadas com N entraram na língua portuguesa tardiamente, por via erudita. Boa parte delas são termos técnicos: *abdômen, espécimen, glúten, hífen, elétron, nêutron, plâncton* etc. Para algumas, já há variações sem o N final, como *abdome* e *espécime*. Recuperar curiosidades a respeito da história da língua faz os alunos compreenderem a motivação daquela forma gráfica.

Produzir um cartaz para consulta coletiva e/ou uma ficha para consulta individual, estimulando que recorram a esses suportes sempre que tiverem dúvidas tanto em relação ao que a palavra nomeia em atividades de leitura, como quando tiverem alguma hesitação ao selecioná-la ou grafá-la em atividades de escrita.

2. Exemplos de atividades envolvendo hiperônimos e hipônimos

Ao estudar os animais, por exemplo, propor a organização de um gráfico que exiba as relações hierárquicas entre as palavras: *anfíbio, animal, ave, avestruz, cachorro, cobra, crocodilo, dourado, garoupa, mamífero, morcego, peixe, pintassilgo, réptil, salamandra, sapo, vertebrados*[72].

---

[72] Atividade proposta a partir de uma similar criada em ILARI, 2002, p. 43.

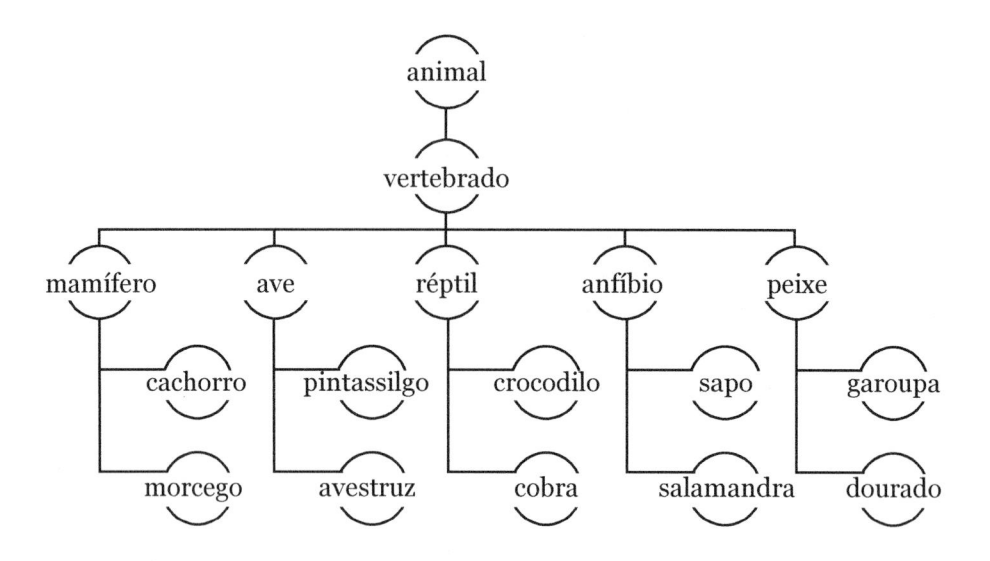

```
                        animal
                          │
                      vertebrado
    ┌──────────┬──────────┼──────────┬──────────┐
 mamífero     ave       réptil    anfíbio     peixe
    │          │          │          │          │
 cachorro  pintassilgo crocodilo    sapo      garoupa
    │          │          │          │          │
 morcego   avestruz     cobra    salamandra   dourado
```

Figura 21. Relação hierárquica envolvendo conhecimentos de zoologia.

Em função dos objetivos do trabalho, é possível conhecer a diferença entre nomes populares e científicos; por exemplo, *cachorro* é o nome popular, *Canis lupus familiaris* é o nome científico; *crocodilo* é o nome popular do *Crocodylus acutus*. Aproveite para explicar que esses termos estão em latim, idioma que deu origem à língua portuguesa. Embora não seja mais falado, o latim exerceu enorme influência ao servir de fonte vocabular para a ciência.

Fazer um levantamento de quais dessas palavras a turma teria dificuldade para grafar, caso fosse necessário escrevê-las de memória. Problematizar as escolhas. Por exemplo, se um aluno apontar a palavra *réptil* como uma das possíveis fontes de erro, o professor pode explicar que, às vezes, a forma do plural pode informar se o singular termina com L ou com U, porque as palavras terminadas com a vogal U fazem plural apenas com o acréscimo de -S: *degrau/degraus*; enquanto às terminadas por L deve-se acrescentar -IS (*répteis*). Como se escrevem estas palavras no singular: *anéis, baús, canais, casais, chapéus, finais, hospitais, jornais, mingaus, sinais, túneis, véus*? Trata-se de uma dica morfológica. Reflexões como essa, em doses homeopáticas, mantêm o assunto em pauta e ensinam a aplicar as regularidades estudadas.

Produzir um cartaz ou uma ficha para que os alunos consultem sempre que tiverem dúvidas.

3. Exemplos de atividades envolvendo a associação de palavras a um termo-chave

Considerando o assunto em discussão ou o tema do texto em análise, propor um levantamento de palavras associadas à palavra-chave que o sintetiza; por exemplo, *água*. Se desejar, organize um mapa conceitual para representar graficamente as relações entre elas.

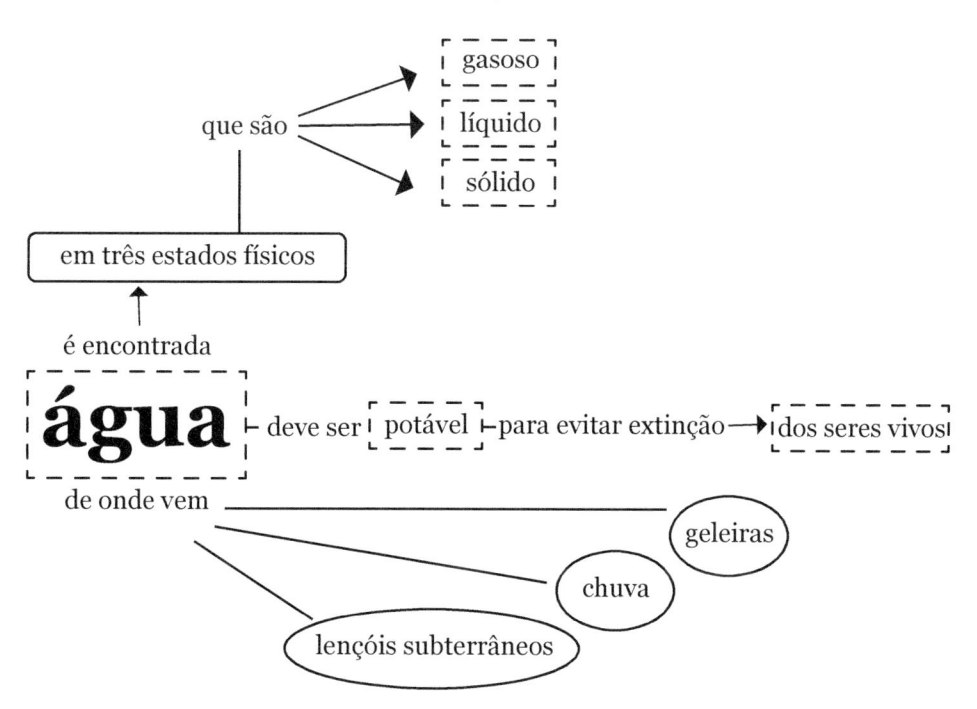

Figura 22. Mapa conceitual elaborado sobre a palavra-chave "água".

Fazer um levantamento de quais dessas palavras a turma teria dificuldade em grafar, caso fosse necessário escrevê-las de memória. Problematizar as escolhas. Por exemplo, se alguém apontar a palavra *gasoso* como uma daquelas que poderia errar, chamar a atenção para a sua composição: gás+oso. Perguntar se há dificuldade para grafar *gás* e, caso a resposta seja negativa, explicar que as palavras derivadas mantêm a forma gráfica da palavra primitiva. Em relação a -OSO, explicar que se trata de um sufixo que forma adjetivos a partir de substantivos, acrescentando o sentido de abundância, intensidade, "cheio de...". É sempre grafado com S: *defeituoso, monstruoso, receoso, tortuoso* etc. Produzir um cartaz e/ou uma ficha para que os alunos consultem sempre que tiverem dúvidas.

Medidas como essas promovem o zelo pela escrita, prevenindo a ocorrência de erros ortográficos. A finalidade desse conjunto de atividades não é apenas expor as crianças à grafia correta das palavras e permitir sua memorização, mas, principalmente, ensinar a elas o procedimento de consulta a fontes diversas para resolver o impasse colocado por contextos em que mais de um grafema concorre para representar um fonema.

Outro aspecto a ser evidenciado é que a adoção de procedimentos de revisão de modo a assegurar a correção ortográfica não pode ficar restrita às aulas de língua portuguesa, devendo estender-se a todas as disciplinas. São medidas preventivas para que o aluno não erre. Acreditamos que não é penalizando, descontando pontos da nota, que conseguiremos a adesão dos alunos.

Memorização de palavras homófonas--heterográficas, homógrafas-heterofônicas e parônimas

Como exposto no tópico *Quando apenas o sentido de uma palavra pode orientar sua forma gráfica?* (p. 56), há situações em que a decisão sobre qual forma gráfica empregar só se dá com a interpretação do conteúdo semântico do texto. São os casos que envolvem as palavras:

a. homófonas-heterográficas:
- *acender* (produzir fogo) / *ascender* (subir);
- *concerto* (sessão musical) / *conserto* (reparo);
- *censo* (recenseamento) / *senso* (juízo);
- *cerrar* (fechar) / *serrar* (cortar).

b. homógrafas-heterofônicas (podem criar dificuldades apenas para ler em voz alta):
- *gelo* (substantivo) / *gelo* (forma da 1ª pessoa do presente do indicativo do verbo gelar);
- *começo* (substantivo) / *começo* (forma da 1ª pessoa do presente do indicativo do verbo começar);
- *molho* (substantivo) / *molho* (forma da 1ª pessoa do presente do indicativo do verbo molhar);
- *jogo* (substantivo) / *jogo* (forma da 1ª pessoa do presente do indicativo do verbo jogar).

c. parônimas:
- *comprimento* (extensão de uma extremidade à outra) / *cumprimento* (saudação);
- *emergir* (vir à tona) / *imergir* (afundar)
- *infringir* (desrespeitar uma norma) / *infligir* (aplicar pena ou castigo);
- *tráfego* (fluxo de veículos) / *tráfico* (negócio ilegal).

Na dúvida, será necessário procurar um sinônimo para optar com rigor pela forma que se ajusta ao enunciado. Se memorizar listas de palavras irregulares se opõe ao bom senso, a mesma lógica se aplica às palavras homófonas-heterográficas, homógrafas-heterofônicas e parônimas. Listas como a apresentada acima servem para ilustrar os casos de semântica lexical que envolvem relações de ordem fonética e gráfica. Algum tempo depois:

A enchente infligiu (ou seria infringiu?) grande prejuízo aos moradores da região ribeirinha.

Recomenda-se que se comentem ocorrências desse tipo ao se analisar o vocabulário empregado pelo autor como parte do trabalho do estudo da seleção lexical e dos efeitos de sentido que provoca. Progressivamente, no convívio com textos, o número de pares memorizados e disponíveis para atualização se ampliará.

É o que poderia acontecer se o leitor estivesse às voltas com a interpretação desta saborosa redondilha de Camões:

ESPARSA AO DESCONCERTO DO MUNDO

Os bons vi sempre passar
no mundo graves tormentos;
e, para mais m'espantar,
os maus vi sempre nadar
em mar de contentamentos.
Cuidando alcançar assim
o bem tão mal ordenado,
fui mau, mas fui castigado.
Assim que, só para mim
anda o mundo concertado.[73]

---

[73] CAMÕES, Luís Vaz de. *Rimas de Luís de Camões*. Direção literária: Álvaro Júlio da Costa Pimpão. Lisboa: Livraria Clássica, 1943. *Apud* REDONDILHAS, s.d., redondilha 116.

O poema de Camões, de modo bem-humorado e irônico, evoca um paradoxo: querem nos ensinar a fazer o bem com a promessa de que seremos recompensados e nos impedir de fazer o mal com a alegação de que seremos punidos. Porém o mundo, em geral, parece provar o contrário: a desgraça acomete os bons e os maus acumulam fortuna. Que fazer com esse *desconcerto*? O eu lírico foi infeliz em sua escolha: fez o mal e, contra as probabilidades do mundo dos homens, foi punido: só para ele o mundo parece *concertado* – em harmonia, em acordo, em conformidade. Mas, não há como impedir certo *desconcerto* interpretativo, e trazer à memória o sentido de "mundo consertado" – assim mesmo, com S. Um mundo que recompusesse o que está malfeito, desregulado: *o bem [tão mal] ordenado*? Astúcias de Camões.

Segmentação em palavras

O reconto da fábula "A lebre e a tartaruga", produzido por Larissa, aluna da 1ª série do Ensino Fundamental de oito anos, é escrito alfabeticamente, isto é, as letras que emprega já representam os fonemas ainda que ela não o faça de maneira convencional. Com poucas exceções, escreve em *scriptio continua*, isto é, sem inserir espaço em branco entre as palavras, embora o afastamento da margem esquerda revele um início de planificação textual.

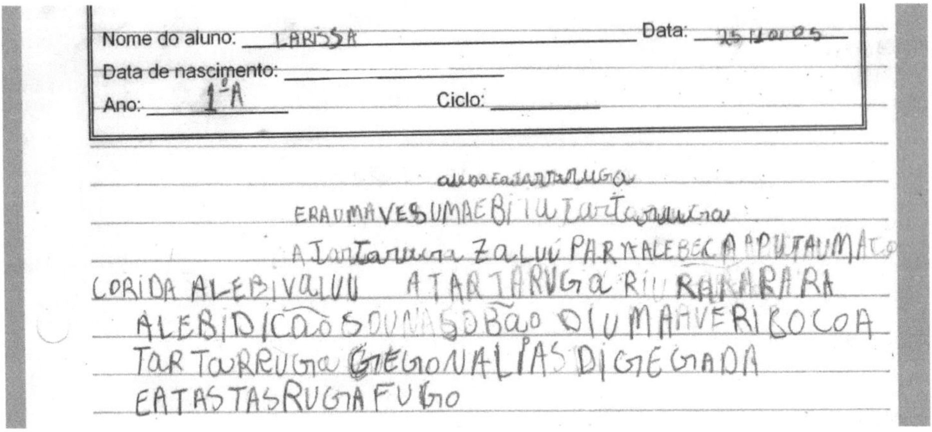

Figura 23. Reconto da fábula "A tartaruga e a lebre", produzido por Larissa, aluna da 1ª série (2º ano do Fundamental de 9).

1. ALEBEEATARRIRUGA
2. ERAUMAVESUMAEBIIUTARTARUGA
3. ATARTARUGA ZALOUPARARLEBECAPUTAUMA
4. CORIDA ALEBIVALUU ATARTARUGARIURARARARA
5. ALEBIDICÃOSOUNASOBÃODIUMAAVERICOCO A[74]
6. TARTARRUGAGEGONALIASDIGEGADA
7. EATASTASRUGAFUGO

A lebre e a tartaruga
Era uma vez uma lebre e uma tartaruga.
A tartaruga falou para a lebre:
— Quer apostar uma corrida? A lebre falou.
A tartaruga riu:
— Ra... ra... ra... ra...
A lebre descansou na sombra de uma árvore. Só que a tartaruga chegou na linha de chegada e a tartaruga fugiu.

Larissa precisa descobrir que, nos textos impressos, não há apenas letras e sinais gráficos: há também espaços em branco. Vejamos algumas atividades que podem ajudá-la.

---

[74] No original, no trecho 'COCO A', linha 5, há no primeiro C indícios de apagamento de um S, permitindo a leitura de *só* para 'CO'; para o segundo C, como já havia ocorrido na linha 3 em 'CAPUTA' (que[r] aposta[r]) é possível ler *que*, resultando em *só que a*... Sem uma compreensão do que o estudante quis dizer, não há como interpretar suas hipóteses em relação ao uso dos grafemas.

1. Exemplos de atividades de descoberta e de sistematização para superar a *scriptio continua*

Como atividade de descoberta, o professor pode propor que as crianças examinem livros da biblioteca de classe ou da escolar para ver se há textos em que não há espaço em branco entre as palavras. Propicie um registro das observações que os alunos fizerem sobre o assunto.

Para sistematizar, solicite que as crianças segmentem em palavras pequenos textos (parlendas, trovas, adivinhas, notas com curiosidades científicas etc.) grafados de propósito em *scriptio continua*, por exemplo:

Quem escreveu esta quadrinha se esqueceu de deixar espaços em branco entre as palavras de cada verso. Assim fica muito difícil ler o que está escrito. Assinale com um lápis onde deveria haver espaços e, depois de conferir suas respostas com a professora, recorte as palavras uma a uma e cole-as em seu caderno, deixando, é claro, um espaço em branco entre elas.

Não se esqueça de que as quadrinhas têm quatro versos!

TRINTADIASTEMNOVEMBRO,
ABRIL,JUNHOESETEMBRO;
VINTEEOITOSÓTEMUM,
VINTEEOITOSÓTEMUM,[75]

Se atividades como essa forem feitas no computador, o efeito é muito maior, pois, ao teclar a "barra de espaço" após a palavra, como um passe de mágica o branco se materializa. Ver a forma gráfica do texto no suporte produz efeitos muito produtivos.

---
[75] NÓBREGA e PAMPLONA, 2005, p. 14 (adaptado para fins didáticos).

Não recomendamos realizar a atividade apenas propondo que as crianças insiram barras, traços ou pontinhos onde deveria haver espaço: visualmente, o resultado é ainda um texto sem segmentação.

2. Exemplos de atividades de descoberta e de sistematização para aprender a segmentar as palavras gramaticais

Para crianças como Thayna e Marcela (veja as figuras 8 e 10), que já sabem que há espaço entre as palavras, mas não sabem exatamente onde inseri-los, exercícios como os anteriores são pouco eficientes, pois elas não precisam ser convencidas de que há espaços em branco entre as palavras, precisam é saber quais são as palavras. Como vimos, isolar as palavras gramaticais não é tarefa simples para crianças recém-alfabetizadas, que, por essa razão, acabam cometendo muitos erros envolvendo hipossegmentação ou hipersegmentação.

Ensaie para ler em voz alta um conto de sua escolha, omitindo os monossílabos átonos (artigos, preposições, conjunções e pronomes pessoais átonos) e os raros dissílabos átonos: a preposição *para*, as contrações da preposição *por* com artigos definidos – *pelo(s)* e *pela(s)*, o artigo indefinido *uma(s)* e as conjunções *como* e *porque*.

Como se nada de estranho estivesse acontecendo, leia de modo bem expressivo um conto como "A onça e o gato", de Figueiredo Pimentel. Vá omitindo as palavras com função gramatical que estão sublinhadas. Avance a leitura até que algum de seus alunos expresse incômodo: *o autor escreveu a história desse jeito?* Informe que você está apenas deixando de ler as palavras "pequenas". Pergunte se a turma acha que elas fazem falta.

A ONÇA E O GATO
Figueiredo Pimentel

Camaradas íntimos eram em outras épocas o gato e a onça, tendo esta pedido ao companheiro que lhe ensinasse a pular.

O gato fez-lhe a vontade e em pouco tempo a onça sabia saltar com grande agilidade.

Um dia, passeavam os dois, e vendo uma pedra no meio do roçado, propôs a onça:

— Compadre gato, vamos ver qual de nós dois dá um pulo melhor daqui até aquela pedra?

— Vamos! — concordou o gato.

— Pois então pule você primeiro — prosseguiu ela.

O gato formou o salto e caiu sobre a pedra.

A onça, mais que depressa, saltou também, com o propósito de agarrar o compadre e matá-lo. O gato, porém, saltou de lado e escapou.

— É assim, amigo gato, que você me ensinou? — exclamou, desapontada. — Principiou e não acabou!...

— Ah! minha cara! — retorquiu o bichano. — Fique sabendo que nem tudo os mestres ensinam aos seus aprendizes.[76]

Em seguida, ofereça uma cópia do conto em que o espaço ocupado pelas palavras "pequenas" tenha sido substituído por lacunas e vá relendo, deixando que os alunos antecipem as palavras omitidas. Nos casos de maior complexidade, comente. Por exemplo, em *lhe ensinasse*, explique que o *lhe* se refere a onça, que é quem quer aprender a pular. Normalmente, na fala informal se usaria *ensinasse ela*. Em *fez-lhe*, o pronome se refere à onça, já que o gato fez o favor de ensinar a companheira a pular. Esse jeito de se expressar

---
[76] PIMENTEL, 1994, p. 77.

é bem formal, o mais comum é *fez a vontade dela* ou *fez a sua vontade*. Em *matá-lo*, o pronome se refere ao gato, já que a onça estava preparando uma armadilha para apanhar o bichano. Aproximações entre registros formais e informais permitem que as crianças compreendam a função coesiva dos pronomes átonos e ampliem sua competência linguística, arriscando-se a usá-los em futuras produções.

Proponha atividades semelhantes a essas para as crianças solucionarem em duplas. Como vimos, ao negociar as respostas os alunos argumentam, verbalizando as justificativas para o que se une ou se separa. Durante a realização dessas atividades, organize uma lista com palavras que começam do mesmo jeito que as palavras "pequenas" para prevenir hipersegmentações. No conto "A onça e o gato", eles poderiam selecionar: **com**panheiro, **com**padre, **da**qui, **a**quela, **de**pressa, **a**garrar, **de**sapontada, **a**cabou, **a**prendizes etc.

Lembre-os de que o dicionário também pode ajudar a descobrir se *com, da, a, de* etc. são palavras e, logo, é necessário deixar um espaço em branco depois de grafá-las, ou se são parte de uma palavra e, portanto, não podem ser grafadas separadamente.

Para sistematizar, uma possibilidade é apresentar uma versão de um texto em que se introduz – de propósito – erros de segmentação que as crianças cometem ao escrever para que realizem uma atividade simplificada de revisão, já que serão alertadas de que não há outros tipos de erros. Por exemplo:

> Quem digitou esta resenha do livro *Curupira – O guardião da floresta* cometeu muitos erros ao separar as palavras:
>
> - escreveu junto palavras que deveriam ser separadas;
> - escreveu separado as partes de uma única palavra.

Localize onde estão os erros e, depois, copie o texto corretamente em seu caderno.

TOQUE-TOQUE MÁGICO DO CURUPIRA

"<u>Atempestade</u> estrondeia <u>nafloresta</u>. <u>Acriatura</u> bate <u>nasraízes</u> <u>dasárvores</u> e <u>nocasco</u> <u>dosanimais</u> que têm carapaças para ver se <u>a guentam</u> <u>achuva</u> pesada. Curupira dá gargalhadas que cortam <u>osilêncio</u>. Neste livro, <u>oduende</u> tem cabelos vermelhos e <u>os dentes a fiados</u>. <u>Nacomunidade</u>, contam que ele tem <u>aspontas dospés</u> viradas <u>paratrás</u> para não deixar rastros quando sai embusca <u>daspessoas</u> que não caçam <u>a penas</u> para <u>sealimentar</u>". (Mônica Rodrigues da Costa)

CURUPIRA – O GUARDIÃO DA FLORESTA
Marlene Crespo, Editora Peirópolis[77]

Atento ao tipo de junção inadequada que seus alunos fazem ao escrever, é possível inserir outros tipos de transgressões para permitir que possam refletir a respeito: por exemplo, grafar *na floresta, nas raízes das árvores, no casco dos animais, para trás*, que são marcadores de lugar sem segmentação, se as crianças estiverem juntando palavras que componham uma unidade sintática ou semântica.

Acentuação gráfica

Para aprender quais palavras da língua portuguesa devem ser acentuadas graficamente, inicialmente é preciso identificar a sílaba tônica e, em função da sua posição, verificar se a palavra é oxítona, paroxítona

---
[77] *FOLHA DE S. PAULO*, 2012.

ou proparoxítona, ou se é um monossílabo tônico ou átono. Essa não é uma tarefa simples para crianças, pois fazê-la implica reconhecer a alternância entre sílabas tônicas e átonas que compõem as palavras, na medida em que a sílaba tônica, em relação às átonas, apresenta um aumento de amplitude, intensidade e duração. Ao pronunciar a palavra silabando, isto é, ao enunciar separadamente as sílabas, perde-se a alternância entre átonas e tônicas e, desse modo, todas parecem tônicas. Não é sem razão, como lembra Moreira, que:

> *O conhecimento intuitivo deste fato pelos falantes nativos parece-nos presente nas instruções, de professores de alfabetização e de séries iniciais, sobre a sílaba tônica das palavras, quando mandam a criança chamar a palavra (como quem chama alguém) para que, verificando a sílaba de maior duração, nela identifique a tônica.*[78]

Talvez seja por isso que o trabalho com a acentuação gráfica, em geral, é apresentado no final do ciclo I ou no início do ciclo II do Ensino Fundamental.

1. Exemplos de atividades de descoberta das regras de acentuação gráfica

Para que as crianças compreendam a função da acentuação gráfica, é interessante apresentar a elas pares de palavras em que a marcação da sílaba tônica pode ser responsável por eliminar a ambiguidade, como *cópia* (subatantivo) e *copia* (forma verbal da 3ª pessoa do singular do presente do indicativo); *explícito* (adjetivo) e *explicito* (forma verbal da 1ª pessoa do singular do presente do indicativo); *fábrica*

---
[78] MOREIRA, 1997, p. 35.

(substantivo) e *fabrica* (forma verbal da 3ª pessoa do singular do presente do indicativo); *secretária* (substantivo que se refere à pessoa encarregada da organização e funcionamento de uma sociedade ou de um serviço administrativo) e *secretaria* (local onde se centralizam os serviços de expediente ou órgão que cuida de um determinado setor da administração municipal ou estadual; ou ainda forma do verbo *secretariar* da 3ª pessoa do singular do presente do indicativo).

Após terem compreendido a função da acentuação gráfica, apresente a elas um *corpus* de palavras contendo oxítonas, paroxítonas e proparoxítonas para que, organizadas em pequenos grupos, possam classificá-las segundo a posição da sílaba tônica, o que já permitirá isolar o grupo das proparoxítonas em que todas são acentuadas – a primeira regra.

Conforme o tópico *Quando se acentua graficamente uma palavra?* (p. 68), o professor pode explicar que o acento gráfico recai nas palavras que representam a exceção em relação às tendências de tonicidade da língua: acentua-se sempre o grupo em que há menos palavras. Lance a pergunta: por que para saber quais oxítonas ou paroxítonas levam acento gráfico deve-se observar como as palavras terminam e não como começam? Veja se os alunos conseguem reconhecer o princípio de economia atuando, já que há um menor número de grafemas que pode ser usado em final de palavras.

Exclua do *corpus* as proparoxítonas e proponha aos grupos que se concentrem em explicar as regras que têm por função opor oxítonas e paroxítonas. Finalizada a tarefa, formalize por escrito as regularidades descobertas.

Chame a atenção para a regra que orienta a pronúncia de hiatos com I ou U, não importando se ocorram em palavras oxítonas ou paroxítonas, e também para os acentos diferenciais mantidos no acordo ortográfico de 1990 (o verbo *pôr*; *pôde*, forma da 3ª pessoa do singular do pretérito perfeito do verbo *poder*; o substantivo *fôrma/forma*, em que o acento é optativo.)

2. Exemplos de atividades de sistematização das regras de acentuação gráfica

Produção de listas de palavras acentuadas
Organize um quadro com a síntese das regras de acentuação e, durante um período, transcreva, nos campos adequados, as palavras acentuadas que os alunos forem encontrando nos textos lidos. O propósito da atividade é reservar um tempo para que eles observem as palavras acentuadas graficamente e se apropriem das regras. Vejamos um exemplo.

COMO OS PÁSSAROS ENCONTRAM AS MINHOCAS DEBAIXO DA TERRA?

"Pode parecer incrível, mas eles conseguem escutar as minhocas se alimentando! Essa descoberta curiosa foi feita pelos biólogos Robert Montgomery, da Universidade de Queens, e Patrick Weatherhead, da Universidade Carleton, ambas no Canadá, dois especialistas em comportamento de pássaros. "As minhocas não são exatamente barulhentas, mas os sons emitidos por seu sistema digestivo são suficientes para denunciá-las", afirma Weatherhead. Quando engolem terra para se alimentar de restos orgânicos, as minhocas produzem um som em baixa frequência, imperceptível para nós, humanos, mas audível a até 13 centímetros de distância pelos sensíveis ouvidos das aves. Os pesquisadores canadenses chegaram a essa conclusão após uma experiência bem simples. Durante duas semanas, eles mantiveram quatro sabiás presos num aviário. De tempos em tempos, bandejas cheias de terra com minhocas eram oferecidas a eles. Mesmo sem terem contato visual com as presas, os pássaros conseguiam localizar e capturar seu almoço. Os cientistas concluíram, então, que os sabiás usavam a audição e não a visão para encontrar as minhocas." [79]

Após a leitura, os alunos identificariam as palavras acentuadas graficamente: *incrível, biólogos, Canadá, pássaros, denunciá-las, orgânicos, frequência, imperceptível, nós, audível, até, centímetros, distância, sensíveis, após, experiência, sabiás, aviário, concluíram*. Em seguida, transcreveriam cada uma delas na coluna em que se explicita a regra pela qual são acentuadas. Inicialmente, a atividade pode ser feita coletivamente, depois em duplas e individualmente.

Acentuação gráfica das palavras				
proparoxítonas	*monossílabos tônicos terminados em* -a(s), -e(s), -o(s) -éi, -éu, -ói	*oxítonas terminadas em* -A(S), -E(S), -O(S); -EM, -ENS; -ÉI, -ÉU, -ÓI -I ou -U depois de ditongo	*paroxítonas terminadas em* -i(s), -u(s); -ã(s), -ão(s); -on(s,) -um, -uns; -ei(s) (ditongo) -l, -n, -r, -x, -ps	*-I ou -U em hiato com a vogal anterior em oxítonas ou paroxítonas*
biólogos	nós	Canadá	incrível	concluíram
pássaros		denunciá-las	imperceptível	
centímetros		até	audível	
orgânicos		após	*sensíveis*	
frequência		sabiás		
distância				
experiência				
aviário				

Quadro 16. Acentuação gráfica das palavras.

Durante a correção, aproveite para explicar algumas ocorrências do texto, como: o que fazer quando

---
[79] MUNDO Estranho, s.d.

se deve empregar um verbo no infinitivo com um pronome átono, por exemplo, *denunciar + as*? Quase sempre será preciso acentuar a palavra que vem antes do hífen, pois, ao se omitir o -R para empregar as variações do pronome pessoal átono de 3ª pessoa – lo(s) e la(s) –, as formas verbais resultantes serão oxítonas terminadas em -A, -E ou -O. Por essa razão, *denunciá-las, revê-lo* e *repô-los* têm acento. Os verbos terminados em -IR, porém, só levarão acento se o I formar um hiato com a vogal anterior: *instruí-la* tem acento porque o I forma um hiato com a vogal U, mas *imprimi-lo* não tem acento, pois não forma o hiato.

Situações como essa podem ajudar o estudante a, progressivamente, assimilar essas e outras particularidades, como as formas da 3ª pessoa do plural do presente do indicativo dos verbos *ter* e *vir* (*têm, vêm*), a diferença entre as formas da 3ª pessoa do presente de verbos derivados de *ter* e *vir* (*obter, intervir*): a do singular leva acento agudo (*obtém, intervém*) e a do plural, circunflexo (*obtêm, intervêm*).

Atividades simplificadas de revisão envolvendo a acentuação gráfica

Compartilhe com os alunos um texto, como a notícia "Chuva e ventos fortes causam destruição e alagamento em Manaus", informando que os acentos foram omitidos da cópia distribuída. Após a leitura integral do texto, para que compreendam os fatos noticiados, promova uma releitura e peça que recoloquem os acentos. Apenas nos casos em que houver dúvidas, peça que analisem a palavra para esclarecer se deve ser acentuada ou não. É proparoxítona? Não sendo, é oxítona ou paroxítona? Como termina? Leva ou não acento? Finalizada a atividade, organize uma lista com as palavras acentuadas usadas com muita frequência, como também, até, ninguém etc.

CHUVA E VENTOS FORTES CAUSAM DES-TRUIÇÃO E ALAGAMENTO EM MANAUS
Kátia Brasil, de Manaus

Uma tempestade que atingiu Manaus (AM) na noite de ontem provocou destelhamento, inundação e interrupção de serviços publicos na cidade. O Manauara Shopping, maior da cidade, tambem sofreu danos e inundação.

A chuva intensa, acompanhada de ventos entre 60 km/h e 75 km/h, iniciou por volta das 21h (23h no horario de Brasilia) e seguiu de forma intermitente ate as 6h desta quarta-feira.

Os bombeiros registraram mais de 50 ocorrencias. A maioria relativa a destelhamento de casas e queda de arvores. Não ha registro de vitimas ate o momento.

Os serviços de internet e de telefonia fixa e celular estão prejudicados.

Cerca de 20% da capital – que tem em torno de 1,8 milhão de habitantes – ainda estava sem energia na manhã de hoje, segundo a Eletrobras Amazonas Energia. Postes foram derrubados e arvores cairam sobre a rede, segundo a companhia. As zonas mais afetadas são centro, centro-sul, oeste e sul.

Pela manhã, 30 semaforos não funcionaram nas ruas de Manaus.

Ao menos 17 escolas da rede estadual foram destelhadas por causa do vento e por causa da queda de arvores sobre os predios, segundo a Secretaria de Educação do Amazonas. Ninguem ficou ferido, porque não havia aula em nenhuma delas no momento do temporal.

O aeroporto local opera normalmente, segundo a Infraero.[80]

---

[80] BRASIL, 2012 (adaptado para fins didáticos).

O uso do dicionário para tirar dúvidas

Entre as razões que nos levam a consultar um dicionário encontra-se a de esclarecer a forma correta de grafar uma palavra. O gatilho que dispara a consulta com esse propósito, em geral, tem origem no emprego de grafemas que competem para representar um mesmo fonema em contextos arbitrários (veja os quadros 5, p. 29, e 6, p. 30), ou na confirmação da grafia adequada de palavras homófonas ou parônimas em relação ao contexto de uso.

Nessas situações, em vez de encorajar a memorização das palavras, o que pode induzir o usuário, por excesso de confiança, a assumir como correta a grafia de uma palavra que está em desacordo com a forma normatizada, é recomendável que o professor ensine a duvidar. É com S ou com Z? É *seção*, *sessão* ou *cessão*? É *flagrante* ou *fragrante*? Para responder a questões como essas, o dicionário é um excelente remédio.

Porém, nem sempre encontramos as palavras no dicionário exatamente como são empregadas nos textos. Entre as habilidades exigidas para a consulta ao dicionário está a de converter uma forma verbal flexionada ao infinitivo, uma forma plural ao singular, uma forma feminina à masculina. Destinar aos alunos a tarefa de descobrir como encontrarão a palavra no dicionário já é um belo exercício para desenvolver a consciência morfológica. Após os alunos terem apontado em um texto as palavras que avaliam como possíveis fontes de erro, pergunte se elas apareceriam como verbetes no dicionário do modo como estão empregadas. Se não aparecem, como podem então ser encontradas?[81]

---

[81] A respeito do uso do dicionário, consultar BAGNO e RANGEL, 2006.

1. Ditado de palavras selecionadas previamente pela turma

Solicite aos alunos que selecionem, em textos lidos, de cinco a dez palavras que imaginam poder errar caso fosse necessário escrevê-las em outros contextos. Em seguida, peça que copiem as palavras selecionadas em uma folha e as entreguem a você assim que concluírem o registro.

Com base nesse *corpus*, organize uma lista em torno de vinte palavras a serem ditadas aos estudantes. Proponha que escrevam as palavras ditadas distribuindo-as em duas colunas: a *da certeza* e a *da dúvida*.

Concluído o ditado, organize a turma em duplas para que confiram a forma como grafaram as palavras. Se encontrarem duas variações para uma mesma palavra registrada em qualquer uma das colunas, deverão consultar o dicionário para esclarecer qual é a forma correta.

Atividades simples como essa, se realizadas regularmente, vão familiarizando os estudantes com a consulta ao dicionário, além de valorizar a dúvida: é ela que instiga a busca de soluções para eventuais problemas ortográficos. Evitando arriscar-se em contextos "perigosos", reduzem-se as possibilidades de erros.

2. Criação de palavras cruzadas com as dúvidas ortográficas da turma

Com a finalidade de memorizar as palavras consideradas difíceis pela turma, o desafio proposto aos estudantes, organizados em pequenos grupos, é o de montar um jogo de palavras cruzadas que, uma vez finalizado, será solucionado pelos demais colegas.

Disponibilize folhas quadriculadas para facilitar a montagem do diagrama, em que serão encaixadas uma a uma as palavras selecionadas. Oriente os alunos a usarem o lápis, assim poderão apagar, caso precisem substituir alguma palavra por outra de modo a aproveitar melhor os cruzamentos entre as linhas horizontais e verticais.

Concluída a montagem do diagrama com o encaixe das palavras selecionadas, proponha a consulta ao dicionário para a formulação das perguntas a que os jogadores deverão responder para completar o jogo. Essa consulta ao dicionário, além da exposição à palavra, permitirá que os estudantes ampliem seus conhecimentos a respeito das variadas acepções que o termo pode ter, conheçam possíveis sinônimos ou paráfrases, verifiquem a classe gramatical a que pertence, sua segmentação em sílabas e outras informações que possam constar do verbete.

Finalizada a etapa de elaboração das perguntas, peça que produzam a versão preliminar do diagrama – agora sem as respostas – e proponha a realização de um teste com a finalidade de avaliar se a redação está clara ou se há necessidade de algum ajuste. Essa tarefa pode ser realizada em uma primeira rodada, trocando os jogos entre os grupos, que, além de preencher as células, deverão encaminhar sugestões para a revisão, caso julguem ser necessário reformular o texto de alguma das perguntas. De posse das versões finais já revisadas e, se possível, digitadas, o professor pode providenciar as cópias para que todos possam jogar.

Aplicação em atividades complexas

Professores, em geral, manifestam certa frustração após constatar que muitos alunos, ao redigirem, cometem erros envolvendo exatamente as regularidades ortográficas que pareciam dominar tão bem. Como o conhecimento explícito das regras ortográficas não garante sua aplicação em operações de produção de textos, a principal dificuldade dos estudantes parece ser deslocar-se da aplicação das regras em exercícios isolados para seu uso automatizado em situações de maior complexidade, que demandam a coordenação de um feixe de habilidades.

A transferência da aprendizagem das regularidades ortográficas para situações mais complexas, portanto, precisa ser ela mesma objeto de ensino. É necessário ensinar os alunos a usar o que aprenderam em outros contextos, como o de textualização ou o de revisão de textos, pois a aprendizagem só ocorrerá efetivamente quando conseguirem aplicar as regularidades que perceberam da relação entre grafemas e fonemas, ou entre morfemas e suas formas gráficas, em práticas de linguagem diferentes daquelas em que se deu a aprendizagem inicial.

Como essa transferência de conhecimento exige o domínio de operações cognitivas complexas, que envolvem intensa reflexão metalinguística, os estudantes precisam aprender a redistribuir sua atenção para aspectos como o planejamento dos conteúdos do texto, a sua estruturação linguística e o controle da correção ortográfica, entre outros. Para que isso ocorra, o conhecimento das regras ortográficas deve converter-se em estratégia a ser ativada sempre que a escrita de uma palavra suscitar dúvida, como representado na figura 24:

```
      Reflexão
   metalinguística


 Conhecimento das
    regularidades
     ortográficas


     Controle das
     regularidades
   ortográficas em
     operações de
       produção
        textual
```

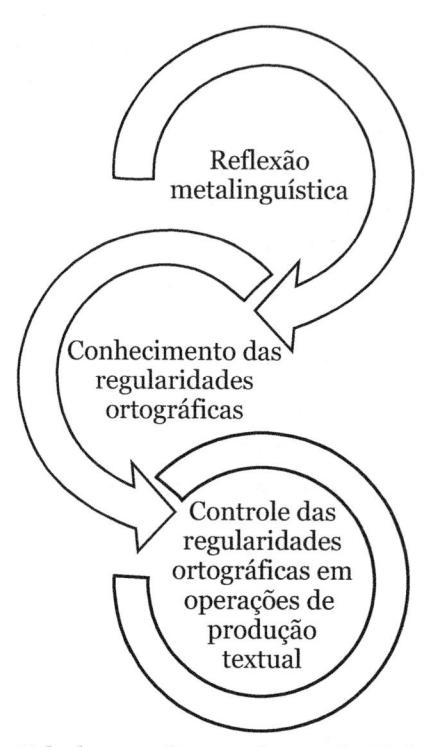

Figura 24. Ciclo de aprendizagem das regularidades ortográficas.

A insistência em que as atividades de descoberta e de sistematização, bem como as de revisão, sejam realizadas em duplas ou em pequenos grupos justifica-se pelo fato de a reflexão metalinguística, nessa situação de interlocução, tornar-se evidente, principalmente nos momentos em que os estudantes compartilham suas observações, verbalizam suas hipóteses sobre a grafia de determinada palavra, aplicando o conhecimento que têm para argumentar.

As atividades de revisão coletivas, coordenadas pelo professor, e realizadas com os pares ou individualmente, com o apoio de pautas de revisão, permitem que os estudantes ponham em prática o que já sabem sobre o conteúdo estudado em uma atividade diferente – a de produção de textos – ou que construam novos conhecimentos ao tentarem solucionar os problemas colocados pela tarefa. Dessa forma, aprendem a se constituir em revisores de seus próprios textos no diálogo com os outros – o professor e os colegas da turma.

Se essa prática for regular e sistemática ao longo de sua escolaridade, os estudantes certamente terão internalizado os procedimentos de revisão, empregando as informações aprendidas a respeito das regularidades ortográficas para autocorrigir-se. Desse modo, o que a princípio era verbalizado em voz alta, para negociar com o outro a forma correta de grafar uma palavra, converte-se em estratégia internalizada pronta a ser ativada sempre que se fizer necessário.

Alguns tipos de situações de revisão considerando o modo de organização social da turma

Revisões coletivas

Toda a classe se debruça sobre um texto produzido cujos desvios ortográficos correspondem às dificuldades enfrentadas pela maioria dos alunos. Nessas situações, o professor pode apresentar-se como modelo, familiarizando os alunos com os procedimentos de revisão, além de auxiliá-los a ativar o que sabem em atividades complexas, a dirimir eventuais dúvidas em relação ao conteúdo ortográfico em estudo ou a desenvolver a metalinguagem necessária para justificar a opção por determinada forma gráfica.

Revisões em duplas

Dois alunos leem os textos que produziram com o propósito de avaliar o emprego do conteúdo ortográfico em foco. Por meio do intercâmbio, podem monitorar melhor o trabalho, tanto identificando os desvios como buscando soluções para resolvê-los, ampliando sua capacidade de argumentar e desenvolvendo sua competência metalinguística. Normalmente, o colega analisa o texto com uma visão crítica não para depreciá-lo, mas com o intuito de aprimorá-lo.

Revisões entre pares
Individualmente, um aluno lê o texto produzido por um colega com o propósito de avaliar o emprego correto do conteúdo selecionado. Não sendo o autor do texto, pode assumir com maior isenção o papel de revisor, já que não está implicado emocionalmente com o produto, o que, muitas vezes, dificulta ver o que realmente foi produzido. Normalmente, é mais fácil ser leitor do texto do outro do que ser leitor do próprio texto.

Revisões de textos produzidos pelo próprio aluno
São situações em que o estudante precisa enfrentar o desafio de identificar os erros ortográficos e corrigi-los sem a colaboração de um colega ou do professor. Dependendo do ano de escolaridade, a professora pode, entretanto, auxiliá-lo na tarefa, sublinhando todas as palavras em que ocorre determinado grafema ou morfema empregado ou não em conformidade com as regras ortográficas aprendidas. Esse recurso ensina o aluno a ler para revisar, um tipo de leitura que exige transitar da compreensão dos sentidos do texto para a observação do modo como as palavras estão escritas. O aluno vivencia a situação colocada pelo escritor experiente, que produz e revisa seus textos.

Em qualquer uma dessas propostas, é importante que os alunos tenham clareza do conteúdo priorizado para aquela atividade de revisão. Durante a atividade, é importante que o professor, ao passar pelos grupos, estimule-os com boas questões, fazendo-os avançar na produção de boas justificativas. Assim, eles chegarão à escrita correta da palavra em questão.

O uso do corretor ortográfico na produção de textos

O corretor ortográfico é um módulo que integra diversos *softwares*, tais como editores de texto, editores de correio eletrônico, programas de conversação, entre outros, com o objetivo de apontar e corrigir a ortografia de palavras, oferecendo ao usuário um conjunto de sugestões que se apresentam como opções para substituir a palavra identificada como incorreta por outra. Porém, essas operações são feitas independentemente do contexto em que o termo ocorre.

Embora os corretores ortográficos tenham facilitado enormemente a vida de quem escreve, o excesso de confiança nesse tipo de ferramenta pode também induzir a erros. Como o corretor não analisa o contexto, não reconhece erros em palavras homófonas. Por exemplo, na frase *A próxima seção do vídeo inicia-se às 15h,* a palavra *seção* (parte de um todo) está sendo empregada em um contexto que recomenda o uso de *sessão* (espaço de tempo durante o qual um espetáculo é apresentado); no entanto, esse desvio não é assinalado pelo corretor dos processadores de texto. Ele apenas reconhece as palavras que constam do seu dicionário, que, em termos computacionais, é formado por uma lista cuja grafia é reconhecida.

É importante que os alunos aprendam as possibilidades e limites da ferramenta aprendendo a desambiguizar o termo. Isso pode ser feito consultando a relação de sinônimos que se obtém ao colocar o cursor sobre a palavra; em nosso exemplo, *seção*, clicando com o botão direito do *mouse*, selecionando no menu "sinônimos" e analisando, com base na lista fornecida, a pertinência ou não de seu uso. Para *seção*, o usuário encontraria *departamento, divisão, setor, parte, província, ramo, subdivisão, setorial* (palavra relacionada). Como os sinônimos não se ajustam ao sentido da frase, obteria um indício de que se equivocou na escolha e poderia substituí-la pela forma adequada.

Outro aspecto também ignorado pelo corretor ortográfico envolve a eventual segmentação inadequada ao contexto semântico do texto de palavras ou expressões cujo resultado seja itens que constem do dicionário do corretor. É o caso das locuções prepositivas (conjunto de palavras que funciona como preposição) *a cerca de*, que significa *aproximadamente* e *acerca de*, que é sinônima de *a respeito de*. Por exemplo: *O pessoal da escola estava **a cerca de** dois quarteirões do local do desfile*. Se a locução *a cerca de* estivesse grafada sem espaço em branco entre a preposição *a* e o advérbio *cerca,* resultando em 'acerca de', o erro não seria capturado. Isso porque consta da lista do dicionário do corretor ortográfico o advérbio *acerca*, que integra outra locução prepositiva – *acerca de*: *O conferencista falou **acerca da** importância da leitura*. Ainda poderia resultar problema no emprego da locução prepositiva *cerca de* precedida do verbo *haver* indicando tempo transcorrido – *há cerca de:* **Há cerca de** uma semana foram escolhidos os representantes da escola no torneio. O corretor ortográfico também não acusaria a troca de *há* por *a*. Portanto, em se tratando do corretor ortográfico, é prudente confiar desconfiando.

Mas, se o uso do corretor ortográfico não libera o usuário das tarefas de pensar acerca das questões ortográficas, não há dúvidas de que simplifica muito a tarefa. Além disso, como as crianças em geral gostam muito de usar o computador, acabam dedicando maior afinco às atividades de revisão quando liberadas da sobrecarga de passar o texto a limpo. Outra vantagem é que, ao fornecer *feedback* imediato durante a própria atividade de textualização, impulsiona a revisão *on-line*. Exatamente por estarem começando a construir uma intimidade com a linguagem escrita, as crianças consideram que retomar o texto após o ponto final é uma extravagância. Não é à toa que escrevem com letras bem grandes a palavra FIM ao concluírem o texto. Escritores experientes sabem que colocar as ideias no papel é apenas o começo de uma intensa atividade de edição e revisão até a versão publicável.

Capítulo 4

Progressão dos conteúdos de ortografia ao longo dos anos iniciais do Ensino Fundamental

A elaboração de uma proposta curricular, ainda que se refira apenas ao ensino de um tópico do eixo de análise linguística — que juntamente com oralidade, leitura e produção de texto compõem a área da língua portuguesa —, requer a mobilização da equipe escolar, já que as decisões afetarão a todos. A realização de um diagnóstico nos moldes do descrito no capítulo 3, envolvendo todas as turmas e todos os educadores, permitirá que a negociação se sustente empiricamente nos dados obtidos por meio dos textos produzidos pelos próprios alunos e não apenas nas crenças dos educadores.

Após a identificação e a categorização dos erros, haverá muitas decisões a tomar. Já que é impossível resolver todos os problemas ortográficos de uma vez, será necessário organizar a gestão progressiva dos conteúdos, estabelecendo o que cabe a cada ano para garantir a aprendizagem das regularidades ortográficas e sua aplicação em operações de produção de textos.

Além dos dados sobre o desempenho das turmas que propiciam a construção de uma progressão de conteúdos ancorada na realidade escolar, sugere-se igualmente que sejam considerados os parâmetros para a seleção dos conteúdos ortográficos apresentados no capítulo 3, isto é, a antecipação do que é regular e mais frequente.

Convém não esquecer que a elaboração de uma proposta curricular opera também com certa dose de projeção. À medida que se selecionam os conteúdos a serem trabalhados em determinado ano, instaura-se um percurso narrativo: o que foi ensinado antes e o que será tratado depois. Colocar a proposta em prática implica encarar alguns anos de ajustes, já que os alunos reais para os quais se ensina não terão vivenciado todo esse enredo no momento em que a proposta for ao ar.

Os ajustes serão necessários ainda porque se sabe que a formulação de metas claras para cada ano produz uma intencionalidade por parte do educador, que acaba promovendo intervenções mais precisas, o que impacta positivamente a resposta das crianças. Um ensino que estimula a investigação, a classificação de dados a partir de hipóteses, promove muito mais do que a descoberta de regularidades ortográficas; gera um aluno curioso, que elabora boas perguntas, que está atento a indícios, a padrões: a cada ano, as novas turmas parecerão mais sabidas! Por essa razão é que se sugere a avaliação periódica da proposta, ao menos até que a primeira turma tenha completado o ciclo.

A proposta de progressão dos conteúdos ortográficos que se apresenta a título de começo de conversa parte do princípio de que as crianças tenham se alfabetizado no 1º ano, estando aptas a refletir a respeito das convenções ortográficas já a partir do 2º ano. Em linhas gerais, o 2º e o 3º anos enfatizariam os aspectos regulares do sistema ortográfico, desenvolvendo: um trabalho intenso com as regularidades contextuais; a redução dos erros por interferência da fala na escrita, sempre que houver regularidades morfológicas (principalmente com os morfemas flexionais); e a segmentação das palavras funcionais. Os dois últimos anos do Ensino Fundamental I seriam dedicados à memorização de palavras de alta frequência, associando a esse estudo as regularidades morfológicas referentes à uniformização ortográfica das palavras cognatas, dos prefixos e sufixos, principalmente os que envolverem contextos arbitrários. Cabe também a esses últimos anos tratar da acentuação gráfica.

Reitera-se que a indicação dos conteúdos deve ser compreendida apenas como uma provocação para aquecer o debate da equipe escolar que produzirá a sua versão.

Progressão dos conteúdos de ortografia no 1º ciclo do Ensino Fundamental					
Conteúdos ortográficos	**Anos do ciclo**				
Interferência da fala	1º	2º	3º	4º	5º
Troca de -E > -I		X			
Troca de - O > -U		X			
Troca de M > I ou U-; N > I ou U em final de sílaba			X		
Troca de -L > -U (semivocalização em final de sílaba ou de palavra)			X		
Troca de L/LH		X			
Troca de -AM > -ÃO				X	
Redução de proparoxítona				X	
Redução de gerúndio -NDO > -NO		X			
Redução de ditongo nasal e desnasalização -AM > -O; -EM > -E			X		
Redução de ditongo AI > -A; EI > -E; OU > -O			X		
Omissão de -S em final de palavra			X		
Omissão de -R em final de palavra		X			
Ditongação em sílabas travadas por /s/ (acréscimo de -I-)			X		
Acréscimo de -I- em sílaba travada (terminada em consoante)				X	
Regularidades contextuais	1º	2º	3º	4º	5º
C/Ç		X			
C/QU		X			
G/GU/J		X			
M/N (índice de nasalidade)			X		
R/RR		X			
S/SS			X		
Irregularidades (desconhecimento da origem etimológica)	1º	2º	3º	4º	5º
-E- > -I- no radical				X	X
-O- > -U- no radical				X	X
Troca de C/Ç/S/SS/SC/XC em contextos arbitrários				X	X

Progressão dos conteúdos de ortografia no 1º ciclo do Ensino Fundamental					
Conteúdos ortográficos	**Anos do ciclo**				
CH/X em contextos arbitrários				X	X
C/QU em contextos arbitrários				X	X
G/J em contextos arbitrários				X	X
L/U no radical				X	X
S/Z/X em contextos arbitrários				X	X
Omissão ou acréscimo de H inicial				X	X
Desconsiderar o contexto semântico na seleção de palavras em que há relações fonéticas e gráficas	1º	2º	3º	4º	5º
Palavras homófonas-heterográficas				X	X
Palavras parônimas				X	X
Segmentação	1º	2º	3º	4º	5º
Hipossegmentação	X	X	X		
Hipersegmentação	X	X	X		
Acentuação gráfica	1º	2º	3º	4º	5º
Proparoxítonas				X	X
Oxítonas e paroxítonas				X	X
Monossílabos tônicos				X	X
Nas vogais tônicas I e U de oxítonas e paroxítonas, antecedidas de uma vogal com a qual não formem ditongo e sem ser seguidas de NH					X
Oposição surda/sonora (ou outras trocas)	1º	2º	3º	4º	5º
P/B	X				
T/D	X				
F/V	X				
C-QU/G/G	X				
CH-X/G-J	X				
Trocas envolvendo posteriorização ou anteriorização	X				
Representação de sílabas não canônicas	1º	2º	3º	4º	5º
Uso da consoante líquida do ataque ou da consoante da coda	X	X			
Uso do H que compõe dígrafos	X				
Translineação inadequada			X		

Quadro 17. Progressão dos conteúdos ortográficos.

Algumas observações

Os campos assinalados no quadro 17 correspondem ao momento em que se promoverá o ciclo de atividades envolvendo a descoberta da regularidade, sua sistematização e aplicação em processos de produção de textos. Entretanto, em função dos resultados da avaliação inicial de caráter diagnóstico, o professor pode não realizar a sequência de atividades, caso seus alunos não apresentem desvios ortográficos em relação ao assunto a que ela se refere. O objetivo do ensino de ortografia é permitir que o estudante seja capaz de escrever corretamente. Acredita-se que colocar em ação uma sequência de atividades para ensinar qualquer um dos tópicos só faz sentido se os estudantes precisarem ser confrontados em suas hipóteses sobre como se usa um determinado grafema ou morfema. Para que ensinar o que eles já escrevem corretamente, mesmo que orientados por uma gramática intuitiva?

Da mesma maneira, ainda que determinado conteúdo tenha sido previsto para um ano anterior, se o diagnóstico sinalizar muitos erros em relação a ele, não há como ignorá-lo. A decisão do professor, nesse caso, deverá ser pautada pelo número de estudantes que apresentam dificuldades para decidir se deverá tratá-lo coletivamente ou em pequenos grupos.

Pode ser também que um conteúdo possa ser antecipado, principalmente se as crianças estiverem mobilizadas em relação a ele. Não é razoável pedir a elas que aguardem até o ano seguinte para solucionar a questão formulada. Nessa situação, o professor pode aplicar uma sequência de atividades incompleta, envolvendo apenas a etapa da descoberta. Esse cuidado mantém viva a curiosidade da criança e não introduz novas expectativas de aprendizagem no decorrer do percurso. Esses dados são muito importantes e poderão orientar o replanejamento da proposta curricular para o ano letivo seguinte.

Capítulo 5

Ortografia e avaliação

A análise das produções infantis evidencia que os erros cometidos pelas crianças não são aleatórios nem resultam de atitudes de descaso ou desatenção, mas obedecem a uma lógica que expressa suas hipóteses em relação à ortografia. Uma vez que as atividades que promovem a descoberta e a assimilação das regularidades ortográficas buscam fazer a criança confrontar as estratégias que emprega para grafar as palavras com os dados que se contrapõem às suas hipóteses, o ensino reflexivo da ortografia reserva ao aluno um papel ativo no gerenciamento de sua aprendizagem, exigindo dele maior autonomia. Isso implica desenvolver as capacidades autoavaliativas necessárias não só para aprender as regularidades ortográficas, mas também para aplicá-las em situações mais complexas.

Apesar de parecer óbvio, convém lembrar que as propostas de autocorreção ou de correção devem incidir apenas nos conteúdos ensinados. Logo, como não é possível ensinar tudo ao mesmo tempo, porque os alunos não podem aprender tudo de uma vez, a escola precisa aceitar que textos imperfeitos fazem parte do processo de aprender a escrever corretamente.

E se o professor assinalar todos os erros, mas apenas avaliar os alunos por aqueles conteúdos que tiverem sido objeto de ensino? Ainda assim, essa não é uma prática recomendada. Revisões exaustivas, que pretendam exterminar até o último erro, são pouco produtivas, além de desestimulantes. O excesso de registros por parte do professor acaba pulverizando a atenção até mesmo do mais bem-intencionado estudante, o que impede que a revisão se converta ela própria em uma experiência de aprendizagem. Resultado: na produção seguinte, o professor reencontrará os problemas de sempre e os alunos acabarão naturalizando os erros, convencidos de que esse *negócio de ortografia* é algo impossível de aprender. Propostas de autocorreção ou de correção, portanto, devem ter foco exatamente porque se deseja que os alunos aprendam.

A autoavaliação assume enorme relevância em um ensino reflexivo de ortografia, principalmente porque o que se almeja é converter o conhecimento das regularidades ortográficas em estratégia internalizada a ser ativada sempre que necessária. Como olhar para o próprio texto com distanciamento não é tarefa simples nem mesmo para escritores experientes, insiste-se no trabalho em duplas. Esse tipo de atividade permite aprender a revisar revisando o texto do outro ou escutando as observações do outro em relação ao próprio texto.

A seguir, alguns procedimentos didáticos que o professor pode adotar com o propósito de estimular a reflexão metacognitiva e favorecer práticas autoavaliativas.

Objetivos de ensino	*Procedimentos didáticos*
Adaptar as propostas de revisão às possibilidades dos alunos	- Defina expectativas de aprendizagem levando em conta a heterogeneidade e o rendimento da turma. - Selecione o número de tópicos a serem revisados considerando as possibilidades dos alunos. - Recupere, coletivamente, os conhecimentos ortográficos que as crianças já têm antes que comecem a produzir ou a revisar textos. - Considere o avanço da turma ao longo do período para elaborar os indicadores de avaliação.
Transferir responsabilidades ao aluno em relação à revisão de textos	- Assinale os erros e dê pistas para que o estudante se autocorrija. - Promova atividades de revisão a partir de pautas orientadoras. - Estimule a consulta ao dicionário, às anotações no caderno ou aos materiais expostos em sala.

Objetivos de ensino	Procedimentos didáticos
Negociar a correção	- Negocie com os alunos os tópicos a serem avaliados: quais conteúdos julgam já ter aprendido e que, assim, podem ser objeto de avaliação? - Estimule a interação participativa dos alunos durante o processo de revisão.
Intervir com objetividade e agilidade durante o processo de textualização ou de revisão de textos	- Seja ágil nos atendimentos aos alunos enquanto produzem ou revisam seus textos para responder à demanda de solicitações. - Forneça respostas objetivas para não interromper o processo de textualização ou de revisão. - Anote as perguntas que os estudantes fazem durante as atividades de textualização ou de revisão de textos: elas revelam os assuntos que os inquietam, informações preciosas para promover ajustes no planejamento.
Promover situações diferenciadas em relação à revisão dos conteúdos ortográficos selecionados	- Proponha pautas com diferentes focos em algumas situações de revisão, para atender às necessidades particulares de aprendizagem dos alunos. - Adote, ao longo do período, uma rotina de pequenas entrevistas com os estudantes para conversar a respeito do seu processo de aprendizagem.

Quadro 18. Procedimentos didáticos para estimular a reflexão metacognitiva.

Como avaliar?

Diversificar os instrumentos avaliativos permite ao professor construir uma análise mais precisa dos conhecimentos de seus alunos. Por exemplo, se entre os conteúdos trabalhados em um período escolar encontra-se o emprego do grafema R, é interessante que os instrumentos avaliativos contemplem atividades como:

a. Complete as palavras com R ou RR.

b. No texto abaixo, algumas palavras apresentam incorreções em relação ao emprego de R ou RR. Assinale os erros e escreva acima a forma correta.

c. Não se esqueça de conferir as palavras com R ou RR do texto de seu colega para verificar se estão empregados corretamente.

d. Não se esqueça de conferir as palavras com R ou RR de seu texto para verificar se estão empregados corretamente.

Essa diversidade permite que o professor discrimine com maior precisão o que os alunos já sabem e são capazes de fazer. Eis algumas situações possíveis, considerando-se as quatro atividades apresentadas:

- Se um aluno cometeu muitos erros ao completar as palavras da atividade "a", revela que ainda não se apropriou das regras que orientam o uso de R e RR.

- Se tiver preenchido corretamente as palavras da atividade "a", conhece as regras que orientam o uso de R e RR.

- Se for bem-sucedido na atividade "a", mas não conseguir localizar e corrigir a maioria das palavras com erros da atividade "b", mostra que precisa exercitar-se na tarefa de ler para revisar o que exige uma atenção distribuída entre os planos do conteúdo e da expressão.

- Se tiver acertado todos os itens da atividade "a", localizado e corrigido as palavras com erros da atividade "b", mas tiver deixado escapar vários erros ao revisar o texto do colega, evidencia que além de conhecer as regras consegue ler para revisar apenas em contextos simplificados, em que não há a presença de outras impropriedades que dispersem sua atenção.

- Se o aluno, além de ter sido bem-sucedido nas atividades "a" e "b" e ter revisado com propriedade a maioria dos erros do texto do colega, mas tiver deixado escapar várias incorreções ao revisar o próprio texto, deixa transparecer que ainda não consegue manter o distanciamento necessário para se autocorrigir.

Mais atividades de sistematização envolvendo o uso de R e RR só serão interessantes para os estudantes cujo desempenho corresponde ao descrito na primeira situação. Nas demais situações, as crianças precisam aprender a transformar as regras que já dominam em conhecimento estratégico disponível para ser usado em atividades mais complexas, pois não se pode esquecer que só se aprende a revisar exercitando-se na própria atividade de revisão.

Erros ortográficos, portanto, nem sempre sugerem desconhecimento da regra. Outros exemplos: se o aluno, ao responder a uma questão, errar ao grafar uma palavra que consta do próprio enunciado, pode precisar apenas aprender a copiar. Se os alunos cometem muitos erros quando devem escrever rapidamente – situação recorrente no início do Fundamental II, enquanto os estudantes ainda não se familiarizaram com os tempos escolares distribuídos entre vários professores –, pode significar apenas que precisem aprender a escrever rápido, permanecendo atentos à correção ortográfica.

Veja uma proposta que vai direto ao ponto. Fixe em alguns pontos da sala várias cópias de um pequeno texto em uma fonte difícil de se ler do local onde os alunos estão sentados. A tarefa proposta será copiar o texto no menor tempo possível, sem incorreções e com letra legível. Para fazê-la, os alunos precisarão dirigir-se a um dos locais em que as cópias estão afixadas. Porém, não poderão transportar nem o caderno, nem lápis, nem caneta, isto é, devem ler o trecho, retê-lo na memória, retornar à carteira e transcrever a passagem. Os meticulosos poderão escrever impecavelmente, mas, na certa, levarão um tempo enorme com os deslocamentos entre a carteira e o texto. Os espertinhos poderão desincumbir-se da tarefa rapidamente, tentando guardar na memória trechos maiores, mas, provavelmente, acabarão cometendo mais erros ou grafando as palavras de modo ilegível. Todos, certamente, além de se divertir com a movimentação, ficarão mais conscientes de que a pressa é inimiga da escrita correta, mas, também, de que a obsessão pode levá-los a não realizar a atividade no tempo previsto. Há que se encontrar a justa medida.

Como sintetizar as informações do processo avaliativo?

Autoavaliação

Para cada um dos tópicos tratados, o professor pode organizar um "Guia de autoavaliação ortográfica", como sugerido no quadro 19 (p. 210), para que os alunos possam refletir a respeito do desenvolvimento de suas capacidades tanto em relação ao domínio das regularidades quanto à sua aplicação em tarefas de maior complexidade. No modelo sugerido, envolvendo o estudo do grafema R, o professor tem a possibilidade de reiterar ou refutar a percepção que o estudante tem de si, além de um campo para inserir algumas recomendações com a finalidade de orientá-lo em seu processo de aprendizagem ou validar as saídas que o próprio estudante apresenta para superar as suas dificuldades.

Guia de autoavaliação ortográfica				
Perguntas	**Autoavaliação**		**Avaliação do professor**		**Observações**
	Sim	Não	Sim	Não	
1. Você tem acertado os exercícios para usar R e RR?					
2. Consegue localizar as palavras com erros no uso de R ou RR:					
a. nas atividades simplificadas de revisão;					
b. nos textos escritos pelos colegas;					
c. nos seus próprios textos.					
O que posso fazer para melhorar?				
Sugestões do professor:				

Quadro 19. Modelo de guia de autoavaliação para conteúdos ortográficos.

Indicadores de avaliação

O confronto das informações obtidas na avaliação inicial, de caráter diagnóstico, com as obtidas na avaliação final, de caráter cumulativo ou certificativo, permite ao professor descobrir se as expectativas de aprendizagem selecionadas para o período foram atingidas e, apoiando-se nos resultados, promover eventuais ajustes em seu planejamento e elaborar atividades mais eficazes para solucionar as dificuldades identificadas.

Para que isso aconteça, além de instrumentos diversificados, como os descritos anteriormente para o estudo do grafema R, é preciso formular indicadores de avaliação claros e objetivos, que permitam descrever a singularidade do percurso de cada um dos estudantes e também mapear o desenvolvimento da turma de modo a orientar a promoção das aprendizagens necessárias.

O modelo apresentado em seguida, no qual o professor anota o nome de cada um dos alunos na célula que melhor descreve o seu desempenho, oferece uma radiografia da turma antes e depois da sequência de atividades proposta para o estudo do grafema. O confronto entre a avaliação inicial e a final permite verificar com clareza se houve avanços ou não.

Indicadores de avaliação	Desempenho dos alunos na avaliação inicial			Desempenho dos alunos na avaliação fina		
	Nível 1	Nível 2	Nível 3	Nível 1	Nível 2	Nível 3
Empregar R e RR em exercícios de sistematização						
Identificar e corrigir erros envolvendo R e RR em atividades simplificadas de revisão						
Identificar e corrigir erros envolvendo R e RR na revisão de textos dos colegas						
Identificar e corrigir erros envolvendo R e RR na revisão dos próprios textos						
Nível 1: Domínio da regularidade ainda não alcançado. Nível 2: Domínio parcial da regularidade. Nível 3: Domínio pleno da regularidade.						

Quadro 20. Modelo de grade com indicadores de avaliação para conteúdos ortográficos.

Os indicadores elaborados para o "Guia de autoavaliação ortográfica" bem como a grade com indicadores de avaliação para conteúdos ortográficos podem servir de referência para a produção de instrumentos semelhantes para avaliar outros conteúdos ortográficos.

Palavras finais

Para finalizar, algumas observações. A proposta que apresentamos para o ensino reflexivo de ortografia efetua um movimento de deslocamento e de aproximação das práticas de linguagem escrita mais complexas que distinguem a leitura e a produção de textos. Os deslocamentos permitem a descoberta e a sistematização das regularidades ortográficas; as aproximações asseguram a aplicação dessas regularidades em operações de produção de textos.

Em função de seus objetivos, o professor pode planejar o tempo didático reservado à focalização dos conteúdos ortográficos operando com durações que podem ser regulares ou não. Desenvolvendo-os como **atividades permanentes**, reservará em sua agenda um momento específico em sua rotina semanal para esse propósito. Se optar por desenvolvê-los como **situação independente de sistematização**, destinará algumas aulas contínuas para realizar o ciclo de atividades.

Entretanto, independentemente da modalidade organizativa selecionada (atividade permanente ou uma situação independente de sistematização), será necessário, em algum momento, articular os conteúdos de ortografia aos das outras práticas de linguagem escrita – leitura e produção de textos, criando as condições para que os alunos se apropriem progressivamente do que aprenderam em situações de maior complexidade. Esse cuidado evita a fragmentação dos conteúdos porque articula a ortografia ao trabalho didático que se realiza com a linguagem escrita.

Isso deixa claro que, embora o foco da obra seja o ensino de ortografia, defende-se a articulação desse conteúdo aos de leitura e produção de textos, já que, para poder escrever corretamente, o aprendiz precisa aprender de modo sistemático as convenções ortográficas.

Bibliografia

ABAURRE, Maria Bernadete Marques. Os estudos linguísticos e a aquisição da escrita. In: Anais do II Encontro Nacional sobre a Aquisição da Linguagem. Porto Alegre: PUC/RS, 1991.

_____; FIAD, Raquel Salek; MAYRINK-SABINSON, Maria Laura T. *Cenas de aquisição de escrita*. Campinas: Mercado de Letras, 1997.

_____; SILVA, Ademar da. O desenvolvimento de critérios de segmentação na escrita. Temas em psicologia. v.1, n.1. Ribeirão Preto, 1993. Disponível em: www.pepsic.bvsalud.org/scielo.php?pid=S1413-89X1993000100011&script=sci_arttext. Acesso em: 03 jan. 2013.

_____. Horizontes e limites de um programa de investigação em aquisição da escrita. In: LAMPRECHT, Regina Ritter (org.). *Aquisição da linguagem: questões e análises*. Porto Alegre: EDIPUCRS, 1999, p. 167-186. Disponível em: www.cchla.ufpb.br/proling/pdf/bernadete/bernadete01.pdf. Acesso em: 07/01/2013.

ALVARENGA, Daniel *et alli*. Da forma sonora da fala à forma gráfica da escrita: uma análise linguística do processo de alfabetização. In: Cadernos de Estudos Linguísticos, 16. Campinas: IEL/UNICAMP, 1989

_____. *Análise de variações ortográficas*. In: Presença pedagógica, mar.-abr. Belo Horizonte: Dimensão, 1995.

ANTUNES, Arnaldo. *Nome* (livro + VHS). São Paulo: SONY/BMG, 1993, p. 15. Disponível em: www.arnaldoantunes.com.br/sec_livros_imagens.php?id=130. Acesso em: 2 jan. 2013.

AZEREDO, José Carlos de. A palavra e suas classes. *Idioma*, 21. Rio de Janeiro: Centro Filológico Clóvis Monteiro – UERJ, 2001, p. 6-13. Disponível em: www.institutodeletras.uerj.br/revidioma/21/idioma21_a01.pdf. Acesso em: 3 jan. 2013.

BAGNO, Marcos. *A língua de Eulália*: novela sociolinguística. São Paulo: Contexto, 2000.

BAGNO, Marcos; RANGEL, Egon de Oliveira. *Dicionários em sala de aula*. Brasília: Ministério da Educação, Secretaria de Educação Básica, 2006. Disponível em: www.portal.mec.gov.br/seb/arquivos/pdf/Avalmat/polleidicio.pdf. Acesso em: 9 jan. 2013.

BASÍLIO, Margarida. *Teoria lexical*. São Paulo: Ática, 1998.

BECHARA, Evanildo. *Gramática escolar da língua portuguesa*. Rio de Janeiro: Lucerna, 2006.

BIDERMAN, Maria Tereza Camargo. A face quantitativa da linguagem: um dicionário de frequências do português. *Alfa: revista de linguística*. São Paulo, v. 42, p. 161-181, 1998. Disponível em: www.seer.fclar.unesp.br/alfa/article/view/4049. Acesso em: 8 jan. 2013.

_____. *Dicionário ilustrado de português*. São Paulo: Ática, 2009.

BLANCHE-BENVENISTE, Claire; CHERVEL, André. *L'Orthographe*. Paris: François Maspéro, 1969.

_____. *Estudios linguísticos sobre la relación entre oralidad y escritura*. Barcelona: Gedisa Editorial, 1998.

BORTONI-RICARDO, Stella Maris. *Educação em língua materna:* a sociolinguística na sala de aula. São Paulo: Parábola Editorial, 2004.

BRASIL. Presidência da República. Casa Civil. Decreto nº 6.583, de 29 de setembro de 2008. Promulga o Acordo Ortográfico da Língua Portuguesa, assinado em Lisboa, em 16 de dezembro de 1990. Disponível em: www.planalto.gov.br/ccivil_03/_Ato2007-2010/2008/Decreto/D6583.htm. Acesso em: 2 jan. 2013.

BRASIL, Kátia. Chuva e ventos fortes causam destruição e alagamento em Manaus. *Folha de S. Paulo*, São Paulo, 31 out. 2012, caderno Cotidiano. Disponível em: www1.folha.uol.com.br/cotidiano/1178193-chuva-e-ventos-fortes-causam-destruicao-e-alagamento-em-manaus.shtml. Acesso em: 9 jan. 2013. Folhapress

CAGLIARI, Luiz Carlos. *Alfabetização e linguística.* São Paulo: Scipione, 1989.

_____. *Alfabetizando sem o bá-bé--bi-bó-bu.* São Paulo: Scipione, 1998.

CARRAHER, Terezinha Nunes. Explorações sobre o desenvolvimento da competência em ortografia em português. In: *Psicologia – teoria e pesquisa.* Brasília, v. 1, nº 3, p. 269-285, set.-dez., 1985. Disponível em: www.revistaptp.unb.br/index.php/ptp/article/view/1166. Acesso em: 08 jan. 2013.

_____. Leitura e escrita: processos e desenvolvimento. *In: Novas contribuições da psicologia aos processos de ensino e aprendizagem.* São Paulo: Cortez, 1992.

CASTILHO, Ataliba Teixeira de. Saber uma língua é separar o certo do errado? Secretaria da Cultura/Museu da Língua Portuguesa, s.d. Disponível em: www.poiesis.org.br/files/mlp/texto_16.pdf. Acesso em: 03 jan. 2013.

_____. *A língua falada no ensino de português.* São Paulo, Contexto, 1998.

CATACH, Nina. *L'Orthographe.* Paris: PUF, 2008.

CINTRA, Geraldo. Distribuição de padrões acentuais no vocábulo em português. *Confluência 5/3*, UNESP/Assis, 1997, p. 82-93. Disponível em: www.bn.com.br/~gcintra/textos/dipac.pdf. Acesso em: 03 jan. 2013.

CUNHA, Antônio Geraldo da. *Dicionário etimológico Nova Fronteira da língua portuguesa*. 2ª ed. Rio de Janeiro: Nova Fronteira, 1991.

FARACO, Carlos Alberto. *Escrita e alfabetização*. São Paulo: Contexto, 1994.

FERNANDES, José Augusto. *Dicionário de rimas da língua portuguesa*. 9ª ed. Rio de Janeiro: Record, 2003.

FERREIRO et al. *Chapeuzinho Vermelho aprende a escrever – estudos psicolinguísticos comparativos em três línguas*. São Paulo: Ática, 1996.

FERREIRO, Emilia; TEBEROSKY, Ana. *Psicogênese da língua escrita*. Porto Alegre: Artes Médicas, 1985.

FOLHA DE S. PAULO. São Paulo, 25 ago. 2012, suplemento Folhinha. Diversão garantida. Disponível em: www1.folha.uol.com.br/fsp/folhinha/dicas/di25081203.htm. Folhapress. Acesso em: 9 set. 2012.

_____. São Paulo, 27 out. 2012, suplemento Folhinha. Toque-toque mágico do curupira. Disponível em: www1.folha.uol.com.br/fsp/folhinha/dicas/di27101201.htm. Folhapress. Acesso em: 9 jan. 2013 (texto adaptado para fins didáticos).

GENOUVRIER, Emile; PEYTARD, Jean. *Linguística e ensino do português*. Coimbra: Almedina, 1985.

GONÇALVES, Carlos Alexandre. *Iniciação aos estudos morfológicos*: flexão e derivação em português. São Paulo: Contexto, 2011.

GUIMARÃES, Gilda; ROAZZI, Antonio. A importância do significado na aquisição da escrita ortográfica. In: MORAIS, Artur Gomes (org.). *O aprendizado da ortografia*. Belo Horizonte: Autêntica, 1999, p. 61-75.

ILARI, Rodolfo. *Introdução ao estudo do léxico*: brincando com as palavras. São Paulo: Contexto, 2002.

_____. *Linguística e ensino da língua portuguesa como língua materna*. Secretaria da Cultura/Museu da Língua Portuguesa, s.d. Disponível em: www.poiesis.org.br/files/mlp/texto_3.pdf. Acesso em: 03 jan. 2013.

_____; BASSO, Renato. *O português da gente*: a língua que estudamos e língua que falamos. São Paulo: Contexto, 2006.

INSTITUTO ANTÔNIO HOUAISS. *Dicionário eletrônico Houaiss de elementos mórficos*. Versão monousuário 1.0. Rio de Janeiro: Objetiva, 2009.

HOUAISS, Antônio. *A nova ortografia da língua portuguesa*. São Paulo: Ática, 1991.

LEMLE, Miriam. *Guia teórico do alfabetizador*. 11.ed. São Paulo: Ática, 1995.

LUFT, Celso Pedro. *Novo guia ortográfico*. 2ª ed. rev. e atual. São Paulo: Globo, 2003.

MATEUS, Maria Helena Mira. *Sobre a natureza fonológica da ortografia portuguesa*. Lisboa: FLUL/ILTEC, 2006, p. 6. Disponível em: www.iltec.pt/pdf/wpapers/2006-mhmateus-ortografia_portuguesa.pdf. Acesso em: 3 jan. 2013.

MASIP, Vicente. *Fonologia e ortografia portuguesas*: um curso para alfabetizadores. São Paulo: EPU, 2000.

LEMLE, Miriam. *Guia teórico do alfabetizador*. 11ª ed. São Paulo: Ática, 1995.

MORAIS, Artur Gomes de. *Ortografia*: ensinar e aprender. São Paulo: Ática, 1998.

_____ (org.). *O aprendizado da ortografia*. Belo Horizonte: Autêntica, 1999.

_____; SILVA, Alexsandro da; MELO, Kátia Leal Reis de (org.). *Ortografia na sala de aula*. Belo Horizonte: Autêntica, 2007, p. 11-27.

_____. *Sistema de escrita alfabética*. São Paulo: Melhoramentos, 2012.

MOREIRA, Nadja da Costa Ribeiro. Saber linguístico na acentuação do português. *Revista de Letras*, UFC, Fortaleza, v. 19, nº 1-2, p. 32-43, jan.-dez. 1997. Disponível em: www.revistadeletras.ufc.br/rl19Art04.pdf. Acesso em: 9 jan. 2013.

MUNDO Estranho (site). Como os pássaros encontram as minhocas debaixo da terra? Seção Mundo Animal. S/d. Disponível em: www.mundoestranho.abril.com.br/materia/como-os-passaros-encontram-as-minhocas-debaixo-da-terra. Acesso em: 9 jan. 2013.

NÓBREGA, Maria José; PAMPLONA, Rosana. *Salada saladinha: parlendas*. São Paulo: Moderna, 2005.

NUNES, Socorro. *Ensino de ortografia*: uma prática interativa na sala de aula. Belo Horizonte: Formato, 2002.

PALAVRA CANTADA. *Canções de brincar*. São Paulo: MCD World Music, 1996. CD.

PIMENTEL, Figueiredo. *Histórias da baratinha*. Rio de Janeiro: Livraria Garnier, 1994.

POERSCH, José Marcelino. *Frequência dos caracteres gráficos em língua portuguesa e o teclado de microcomputadores*. In: ENCONTRO NACIONAL DE LINGUÍSTICA, 11o, 1988, Rio de Janeiro. *Anais*. Rio de Janeiro: PUC, 1988.

PONTECORVO, Clotilde; MOREIRA, Nadja Ribeiro. Chapeuzinho / Cappuccetto: as variações gráficas e a norma ortográfica. In: FERREIRO et al. *Chapeuzinho Vermelho aprende a escrever*: estudos psicolinguísticos comparativos em três línguas. São Paulo: Ática, 1996. Cap. 3.

REDONDILHAS, de Luís de Camões. São Paulo: Escola do Futuro da USP, s/d. Disponível em: www.dominiopublico.gov.br/download/texto/bv000163.pdf. Acesso em: 9 jan. 2013.

REVISTA JANGADA BRASIL: A CARA E A ALMA BRASILEIRAS, ano IX , nº 100, mar. 2007. *Cem trava-línguas*. Disponível em: www.jangadabrasil.com.br/revista/marco100/es1000309.asp. Acesso em: 8 jan. 2013.

SALERNO, Silvana. *Qual é o seu Norte?* Coleção Viagem pelo Brasil. São Paulo: Companhia das Letrinhas, 2012.

SALGADO, Hugo. *¿Qué es la ortografía?* Buenos Aires: Aique Grupo Editor, 1992.

SÃO PAULO (SP). SECRETARIA MUNICIPAL DE EDUCAÇÃO. DIRETORIA DE ORIENTAÇÃO TÉCNICA. *Recuperação língua portuguesa – Aprender os padrões da linguagem escrita de modo reflexivo*: unidade II – Palavra cantada (livro do professor). São Paulo: SME/ DOT, 2011, 80 p.

_____. *Recuperação língua portuguesa – Aprender os padrões da linguagem escrita de modo reflexivo*: unidade III – Palavra dialogada (livro do professor). São Paulo: SME/ DOT, 2011, 112p.

_____. *Recuperação língua portuguesa – Aprender os padrões da linguagem escrita de modo reflexivo*: unidade IV – Você sabia? (livro do professor). São Paulo : SME/ DOT, 2011, 56p.

SAUSSURE, Ferdinand de. *Curso de linguística geral*. São Paulo: Cultrix, 2006.

SCLIAR-CABRAL, Leonor. *Princípios do sistema alfabético do português do Brasil*. São Paulo: Contexto, 2003.

_____. *Guia prático de alfabetização, baseado em princípios do sistema alfabético do português do Brasil*. São Paulo: Contexto, 2003.

SILVA, Ademar da. *Alfabetização*: a escrita espontânea. São Paulo: Contexto, 1991a.

SILVA, Myrian Barbosa da. *Leitura, ortografia e fonologia*. São Paulo: Ática, 1991b.

TEBEROSKY, Ana. *Aprendendo a escrever*: perspectivas psicológicas e implicações educacionais. São Paulo: Ática, 1994.

VYGOTSKY, Lev Semenovitch. *Pensamento e linguagem*. São Paulo, Martins Fontes, 1996.

_____. *A formação social da mente*. São Paulo, Martins Fontes, 1999.

ZORZI, Jaime Luiz. As trocas surdas sonoras no contexto das alterações ortográficas. In: MARCHESAN, Irene Queiroz; ZORZI, Jaime Luiz; GOMES, Ivone Carmen Dias (orgs). *Tópicos em fonoaudiologia*. Vol. IV, 18 p. São Paulo: Lovise, 1998, p. 7. Disponível em: www.filologia.org.br/soletras/15sup/As%20trocas%20surdas%20sonoras%20no%20contexto%20das%20altera%C3%A7%C3%B5es%20ortogr%C3%A1ficas.pdf. Acesso em: 3 jan. 2013.

A autora

Maria José Nóbrega é formada em Língua e Literatura Vernáculas pela PUC/SP, com mestrado em Filologia e Língua Portuguesa pela USP. Atuou em programas de formação continuada junto ao MEC, à SEE de São Paulo e à SME de São Paulo. Atualmente, além de assessorar várias escolas, é consultora pedagógica das revistas *Carta na Escola* e *Carta Fundamental*, da Editora Confiança, coordenadora dos projetos de leitura da Editora Moderna e organizadora da coleção Como Eu Ensino, da Editora Melhoramentos.